京华通览

长城文化带

主编／段柄仁

南口

李国棣 李慕禅／编著

北京出版集团公司
北京出版社

图书在版编目（CIP）数据

南口 / 李国棣，李慕禅编著．— 北京：北京出版社，2018.8
（京华通览 / 段柄仁主编）
ISBN 978-7-200-13857-3

Ⅰ．①南… Ⅱ．①李… ②李… Ⅲ．①乡镇—介绍—昌平区 Ⅳ．① K291.5

中国版本图书馆 CIP 数据核字（2018）第 033071 号

出 版 人　曲　仲
策　　划　安　东　于　虹
项目统筹　董拯民　孙　菁
责任编辑　董拯民　沈　方
封面设计　田　晗
版式设计　云伊若水
责任印制　燕雨萌

"京华通览"丛书在出版过程中，使用了部分出版物及网站的图片资料，在此谨向有关资料的提供者致以衷心的感谢。因部分图片的作者难以联系，敬请本丛书所用图片的版权所有者与北京出版集团公司联系。

京华通览
南口
NANKOU
李国棣　李慕禅　编著
*
北京出版集团公司
北京出版社　出版
（北京北三环中路 6 号）
邮政编码：100120
网　址：www.bph.com.cn
北京出版集团公司总发行
新 华 书 店 经 销
天津画中画印刷有限公司印刷
*
880 毫米 ×1230 毫米　32 开本　5.25 印张　107 千字
2018 年 8 月第 1 版　2022 年 11 月第 3 次印刷
ISBN 978-7-200-13857-3
定价：45.00 元

如有印装质量问题，由本社负责调换
质量监督电话：010-58572393

《京华通览》编纂委员会

主　任　段柄仁
副主任　陈　玲　曲　仲
成　员　（按姓氏笔画排序）
　　　　于　虹　王来水　安　东　运子微
　　　　杨良志　张恒彬　周　浩　侯宏兴
主　编　段柄仁
副主编　谭烈飞

《京华通览》编辑部

主　任　安　东
副主任　于　虹　董拯民
成　员　（按姓氏笔画排序）
　　　　王　岩　白　珍　孙　菁　李更鑫
　　　　潘惠楼

序

PREFACE

擦亮北京"金名片"

段柄仁

  北京是中华民族的一张"金名片"。"金"在何处？可以用四句话描述：历史悠久、山河壮美、文化璀璨、地位独特。

  展开一点说，这个区域在 70 万年前就有远古人类生存聚集，是一处人类发祥之地。据考古发掘，在房山区周口店一带，出土远古居民的头盖骨，被定名为"北京人"。这个区域也是人类都市文明发育较早，影响广泛深远之地。据历史记载，早在 3000 年前，就形成了燕、蓟两个方国之都，之后又多次作为诸侯国都、割据势力之都；元代作为全国政治中心，修筑了雄伟壮丽、举世瞩目的元大都；明代以此为基础进行了改造重建，形成了今天北京城的大格局；清代仍以此为首都。北京作为大都会，其文明引领全国，影响世界，被国外专家称为"世界奇观""在地球表面上，人类最伟大的个体工程"。

北京人文的久远历史，生生不息的发展，与其山河壮美、宜生宜长的自然环境紧密相连。她坐落在华北大平原北缘，"左环沧海，右拥太行，南襟河济，北枕居庸""龙蟠虎踞，形势雄伟，南控江淮，北连朔漠"。是我国三大地理单元——华北大平原、东北大平原、蒙古高原的交汇之处，是南北通衢的纽带，东西连接的龙头，东北亚环渤海地区的中心。这块得天独厚的地域，不仅极具区位优势，而且环境宜人，气候温和，四季分明。在高山峻岭之下，有广阔的丘陵、缓坡和平川沃土，永定河、潮白河、拒马河、温榆河和蓟运河五大水系纵横交错，如血脉遍布大地，使其顺理成章地成为人类祖居、中华帝都、中华人民共和国首都。

这块风水宝地和久远的人文历史，催生并积聚了令人垂羡的灿烂文化。文物古迹星罗棋布，不少是人类文明的顶尖之作，已有1000余项被确定为文物保护单位。周口店遗址、明清皇宫、八达岭长城、天坛、颐和园、明清帝王陵和大运河被列入世界文化遗产名录，60余项被列为全国重点文物保护单位，220余项被列为市级文物保护单位，40片历史文化街区，加上环绕城市核心区的大运河文化带、长城文化带、西山永定河文化带和诸多的历史建筑、名镇名村、非物质文化遗产，以及数万种留存至今的历史典籍、志鉴档册、文物文化资料，《红楼梦》"京剧"等文学艺术明珠，早已成为传承历史文明、启迪人们智慧、滋养人们心灵的瑰宝。

中华人民共和国成立后，北京发生了深刻的变化。作为国家首都的独特地位，使这座古老的城市，成为全国现代化建设的领头雁。新的《北京城市总体规划（2016年—2035年）》的制定和中共中央、国务院的批复，确定了北京是全国政治中心、文化中心、国际交往中心、科技创新中心的性质和建设国际一流的和谐宜居之都的目标，大大增加了这块"金名片"的含金量。

伴随国际局势的深刻变化，世界经济重心已逐步向亚太地区转移，而亚太地区发展最快的是东北亚的环渤海地区、这块地区的京津冀地区，而北京正是这个地区的核心，建设以北京为核心的世界级城市群，已被列入实现"两个一百年"奋斗目标、中国梦的国家战略。这就又把北京推向了中国特色社会主义新时代谱写现代化新征程壮丽篇章的引领示范地位，也预示了这块热土必将更加辉煌的前景。

北京这张"金名片"，如何精心保护，细心擦拭，全面展示其风貌，尽力挖掘其能量，使之永续发展，永放光彩并更加明亮？这是摆在北京人面前的一项历史性使命，一项应自觉承担且不可替代的职责，需要做整体性、多方面的努力。但保护、擦拭、展示、挖掘的前提是对它的全面认识，只有认识，才会珍惜，才能热爱，才可能尽心尽力、尽职尽责，创造性完成这项释能放光的事业。而解决认识问题，必须做大量的基础文化建设和知识普及工作。近些年北京市有关部门在这方面做了大量工作，先后出版了《北京通史》（10卷本）、《北京百科全书》（20卷本），各类志书近900种，以及多种年鉴、专著和资料汇编，等等，为擦亮北京这张"金名片"做了可贵的基础性贡献。但是这些著述，大多是服务于专业单位、党政领导部门和教学科研人员。如何使其承载的知识进一步普及化、大众化，出版面向更大范围的群众的读物，是当前急需弥补的弱项。为此我们启动了《京华通览》系列丛书的编写，采取简约、通俗、方便阅读的方法，从有关北京历史文化的大量书籍资料中，特别是卷帙浩繁的地方志书中，精选当前广大群众需要的知识，尽可能满足北京人以及关注北京的国内外朋友进一步了解北京的历史与现状、性质与功能、特点与亮点的需求，以达到"知北京、爱北京，合力共建美好北京"的目的。

这套丛书的内容紧紧围绕北京是全国的政治、文化、国际交往和科技创新四个中心，涵盖北京的自然环境、经济、政治、文化、社会等各方面的知识，但重点是北京的深厚灿烂的文化。突出安排了"历史文化名城""西山永定河文化带""大运河文化带""长城文化带"四个系列内容。资料大部分是取自新编北京志并进行压缩、修订、补充、改编。也有从已出版的北京历史文化读物中优选改编和针对一些重要内容弥补缺失而专门组织的创作。作品的作者大多是在北京志书编纂中捉刀实干的骨干人物和在北京史志领域著述颇丰的知名专家。尹钧科、谭烈飞、吴文涛、张宝章、郗志群、姚安、马建农、王之鸿等，都有作品奉献。从这个意义上说，这套丛书中，不少作品也可称"大家小书"。

总之，擦亮北京"金名片"，就是使蕴藏于文明古都丰富多彩的优秀历史文化活起来，充满时代精神和首都特色的社会主义创新文化强起来，进一步展现其真善美，释放其精气神，提高其含金量。

2017 年 11 月

目录

CONTENTS

| 建制沿革 | 镇域变迁 / 3 |
| | 镇村简况 / 4 |

| 自然环境 | 地质气候 / 17 |
| | 山梁沟壑 / 18 |

交通要道	古道驿站 / 24
	京张铁路 / 34
	京张公路 / 40

| 军事重镇 | 城池关隘 / 45 |
| | 屯田驻军 / 52 |

名胜古迹

主要战事 / 56

文物古迹 / 73

　　雪山文化遗址 / 73

　　居庸关 / 75

　　云台 / 79

　　和平寺 / 86

　　虎峪古城 / 90

　　佛岩寺 / 90

　　潘家营辽金关卡 / 91

　　南口城 / 92

　　上关城 / 93

　　南口宝林寺 / 94

　　南口清真寺 / 94

　　詹天佑故居 / 96

　　马国柱墓碑 / 96

　　孙公墓 / 97

　　陈庄辽墓 / 98

　　无名墓及石像生 / 98

　　九仙庙壁画 / 98

　　詹天佑铜像 / 99

关沟七十二景 / 100

　　二龙戏珠 / 104

白塔寺 / 104

月牙石 / 105

二人下棋一人看 / 105

拴马桩 / 105

居庸叠翠 / 105

皇亭子 / 106

白凤冢 / 106

泮宫石坊 / 107

状元桥 / 108

金梁玉柱坊 / 108

东屏柏山 / 108

金柜山 / 109

练武场 / 109

阴凉庵 / 110

寿星山 / 110

大龟石 / 110

仙枕石 / 110

杨六郎洗脸盆 / 113

仙人桥 / 113

弹琴峡 / 113

魁星阁 / 115

弥勒听音（琴）/ 115

五郎像 / 116

　　　　　　五鬼神祠 / 117

　　　　　　石佛寺 / 118

　　　　　　六郎像 / 118

　　　　　　棺材石 / 119

　　　　　　骆驼石 / 119

　　　　　　天险石 / 119

　　　　　　青龙倒吸水 / 120

　　　　　　望京石 / 121

　　　　　　烟墩 / 121

　　　　居庸八景 / 121

　　　　其他景物 / 122

地方经济　南口机厂 / 126

　　　　地方特产 / 135

民俗风情　庙　会 / 138

　　　　花　会 / 144

　　　　参考书目 / 151

　　　　后　记 / 153

建制沿革

南口镇位于北京城德胜门西北38公里、昌平城西北7.5公里,是北京市昌平区所辖的17个行政镇(处)之一。东邻城南街道办事处、十三陵镇,南连马池口镇、阳坊镇,西毗流村镇,北接延庆县。镇域面积187.5平方公里,下辖28个行政村、11个社区居委会。2007年底常住人口55806人,其中农业户口15252人;流动人口约3万人。

在南口镇北部，有一条东南——西北走向的、穿越崇山峻岭的天然沟谷，因举世闻名的居庸关坐落在沟谷之中，故名关沟。关沟的北端称北口、八达岭，南端称南口。从古至今，南口的名称曾数度更易，北魏称下口，北齐称夏口，金贞祐元年（1213年）始称南口。

南口起初只是一个自然地理名称，北魏时形成村落。建村之初，村域面积仅1平方公里左右。明初南口建城后，村民们均住于城内，以耕种城外的百余亩山坡地为生。清初，城内南北门之间的大街两边出现了临街商户，主要经营粮食、布匹、杂货及餐饮、旅店，以后逐渐形成商贸集市。清末，京张铁路建成后，南口村南2公里处的南口火车站周边地区日益繁华，商户云集，店铺林立，成为京北重要的商品集散地。民国元年（1912年），昌平、延庆两县经过协商，以南口火车站、南口机厂为中心设立南口镇，铁路以南归昌平县管辖，铁路以北归延庆县管辖，形成了两县共管一镇的格局。此时，南口镇的人口数量、建筑规模、市井繁华程度都超过了南口村，人们遂称南口镇为大南口，南口村为小南口。

1949年4月，南口镇全镇划归昌平县。

1950年撤销南口镇建制，属昌平县第三区，为区公所驻地。

1953年11月，恢复南口镇建制。此后，城乡时有分合，南口之名始终未变。

1990年5月，南口镇一分为二，分别成立南口镇、道南镇。

1997年12月，撤销道南镇、桃洼乡，并入南口镇。

镇域变迁

明代及以前,八达岭以南地区属昌平州(县),以北地区属延庆州(县)。清初至民国三十五年(1946年),南口村及以北部分地区属延庆州(县),以南地区属昌平州(县)。民国三十六年(1947年),南口村以北地区属中国共产党领导的昌延县,以南地区国民党政权称之为昌平县;共产党政权以(北)平绥(远)铁路为界,铁路以东称昌顺县,铁路以西称昌宛县。

1949年4月,将南口镇铁道以北地区划归昌平县,由昌平县南口镇统一领导。辖区除镇区外,还管辖禾山铺、龙潭、响潭、臭泥坑、居庸关、燕磨峪、青龙桥、南口村、马庄子、大石坡、山羊洼、前桃洼、后桃洼、李庄子等村。

1949年9月13日,将青龙桥小区及所属石佛寺、三堡、刘家沟、十八窑、黄土梁等5个村划归延庆县。

1949年10月,将延庆县三堡以南地区划归昌平县,属南口镇管辖。

1956年2月,辖村调整为南口村、西园子、居庸关、山羊洼、马庄、燕磨峪、龙潭、响潭等8个村。

1961年5月,管辖南口村、南口镇村、马庄、羊台子、居庸关、龙潭、虎峪、北太平庄、燕磨峪、辛立庄、龙虎台、陈庄、红泥沟、七间房、雪山等15个村。

1964年3月,将延庆县的九仙庙、东古、白查、大梁、葛条峪、大梁湾、烧锅峪等7个村划归昌平县,属南口镇人民公社管辖。

1990年5月,将南口村、南口镇村和马庄村划归道南镇。

1997年12月,将道南镇的南口村、南口镇村、马庄村,桃洼乡的前桃洼、后桃洼、大石坡、长水峪、北马坊、檀峪、花塔、兴隆口、王家园、曹庄等村划归南口镇。

1998年9月,将南口农场的李庄、响潭划归南口镇。

至此,形成南口镇现镇域。

镇村简况

南口镇 是清末建造京张铁路时,经詹天佑等人规划设计,在荒野河滩上兴建起来的一座现代化城镇。詹天佑当年在为南口火车站选址时,考虑到南口村附近都是农民赖以生存的农田,而且两山之间的发展空间相对较小,就将站址选定在村南开阔的乱石荒滩上。与此同时,决定就近建造一座集装修机车、客车、货车为一体的工厂,以便随时检修过往车辆。光绪三十二年(1906年),以南口火车站、京张制造厂为中心,集交通枢纽、商品集散及文化、居住多项功能于一体的城镇迅速形成。为了保证南口镇的社会治安,从清末起,在主要街道的出入口及衔接处都设立了木栅栏，日夜有警务人员值守，直至中华人民共和国成立初期陆续拆除。

南口镇从建镇开始就因平绥铁路自西向东穿越镇子的中心地带而将镇域分为铁道北和铁道南两部分，全镇共有街道、胡同56条。铁道北的西北部为部队营房，驻军重地；西部为南口铁路工厂厂区；东部为居民区；南部为火车站货场。主要街道有东西走向的龙潭路、文化路、前进路和新兴路，有南北走向的居庸关路、建设路等。铁道北的民居大部分都是为铁路工人及家属修建的，系官家出资，属于官产，因此，在地名中不但标出了地理方位，也明晰了产权性质，比较典型的有北官房一巷至北官房六巷、中官房、新东官房和新西官房等。铁道南的北端是南口火车站的出入站口，中部是居民住宅区，南部为工厂、驻军营房、医院及居民住宅区。火车站前的交通街、兴隆街和汽车站前的南大街沿街店铺林立，是全镇繁华热闹的商业中心。主要街道有东西走向的交通街、兴隆东街、南大街，有南北走向的兴隆街、东大街、东升街、水厂路、南辛路和南辛东路。

1949年4月至8月，察哈尔省南口专员公署就设在南口镇。

因为南口镇是以工业起家的，所以，许多现代文明都是从这里首先出现，然后逐渐扩展到昌平全县。例如用电、电话和电报。清光绪三十二年（1906年），京张制造厂建立后，电力房有25千瓦、50千瓦直流发电机各一台，白天提供生产动力，晚上供办公区和主要街道照明。清光绪三十四年（1908年），南口镇成立电信营业处，为铁路沿线车站和主要商家提供长途电话业务。

1942年，京包铁路新设电报线路，铁路沿线车站均可拍发电报。1943年12月1日，成立南口电报局，向社会提供民用电报业务。

南口村 北魏成村。位于关沟的南端，下辖南口、滑园子、南庄、东园子、大铺等5个自然村。村域面积7.7平方公里，村址海拔131.5米。1965年通电，1982年饮用自来水。2007年底共有村民535户，1370人，其中从业人员750人。主要姓氏有李、王、张、刘、滑、樊、赵、谷。村域内古迹有明御用监太监李公墓、清江南总督马国柱墓。

南口镇村 20世纪20年代形成村落。位于南口镇区的范围内，村域面积5.8平方公里，村址海拔108.4米。1940年饮用自来水，1970年通电。2007年底共有村民714户，1776人，其中从业人员960人。主要姓氏有李、王、张。村域内的古迹有国民军阵亡将士纪念塔，"文化大革命"中被毁。

马庄 清代形成村落。位于南口镇区西部，东邻中国北车集团北京南口机车车辆机械厂。由于工厂扩建占地，村域面积仅有0.3平方公里，村址海拔110米。1965年通电，同年饮用自来水。2007年底共有村民26户，80人，其中从业人员31人。主要姓氏有马、李、邢。

雪山 明代形成村落。位于镇政府东南3.6公里处，下辖雪山、三间房2个自然村，村域面积1.9平方公里，村址海拔74.1米。1962年通电，1982年饮用自来水。2007年底共有村民265户，725人，其中从业人员457人。主要姓氏有张、王、李、黄、谷。1961年发掘了雪山古代文化遗址，出土器物属于新石器时代仰韶文化和晚期龙山文化以及夏家店下层文化的文物。证明六七千年前此处是雪山文化创造者的聚居地。

龙虎台 元代已形成村落。位于镇政府东南1.4公里处,坐落在军都山山前台地上。村域面积1.1平方公里,村址海拔113.2米。1964年通电,1981年饮用自来水。2007年底共有村民502户,1074人,其中从业人员498人。主要姓氏有王、李、孟。元、明、清三代均在村南大道南侧建有行宫,皇帝往来驻跸于此。行宫占地一亩三分(约合867平方米),清代晚期弃置不用。宫内建筑于清末民初陆续坍塌,现已改建为民居。行宫以北50米,旧有一座庙宇与行宫隔道相望,占地面积与行宫相同,昔日曾长期辟为伴驾大臣的行馆。庙内有一棵银杏树,高25米,胸径250厘米,树龄1000余年,与四桥子村的银杏树相似,庙和树今已不存。因村庄坐落在古战场内,故村西建有关帝庙,以此趋吉避凶;又因村域里建有行宫,所以庙前的影壁基座按照皇家的规制建成了须弥座形式。关帝庙内原有一铜一铁两口钟和一口铁磬,解放战争时期,铜钟被驻扎在南口镇

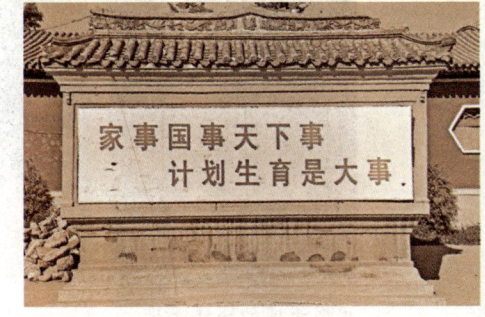

龙虎台村关帝庙的须弥座影壁

宝林寺中的国民党军队拉走,当作集合的信号设备;"文化大革命"初破四旧时,铁钟、铁磬都被当作四旧处理,铁钟按1000斤,铁磬按400斤,以每斤0.03元的价钱,被南口废旧物资收购站拉走。村域内的古迹有孙祖寿墓,"文化大革命"前已被盗掘。

北太平庄 唐代已形成村落，称太尉乡；元代屯田时称太平庄；为与东小口乡的太平庄村加以区别，1980年依相对位置更名为北太平庄。位于镇政府东北3.4公里处，村域面积3.3平方公里，村址海拔131.2米。1961年通电，1990年饮用自来水。2007年底共有村民271户，501人，其中从业人员303人。主要姓氏有郝、荆、冯、呼、关。村北、村东各有一座古墓，墓前有石像生，墓主佚名。

虎峪古城的城墙遗址

虎峪 辽代形成村落。因村址位于虎峪山前，故名。位于镇政府东北3公里处，村域面积18.6平方公里，村址海拔198.4米。1960年通电，1962年饮用自来水。2007年底共有村民385户，1140人，其中从业人员707人。主要姓氏有阚、秦、张、李、王。村域内的古迹有战国时期的古城遗址，新建的景点有虎峪自然风景区。

辛立庄 清代形成村落，称老公庄。村落位于龙虎台村东北1.1公里处，元、明、清时期为龙虎台行宫的太监们养老的地方，故名。民国以后，村民因村名不雅，于1941年改称辛立庄，沿用至今。村域面积1.1平方公里，村址海拔119.1米。1959年通电，

1990年饮用自来水。2007年底共有村民319户，660人，其中从业人员290人。主要姓氏有刘、柴、张、王。

陈庄　清末形成村落，村子以姓氏命名。位于镇政府东南2.4公里处，村域面积0.7平方公里，村址海拔102米。1962年通电，1980年饮用自来水。2007年底共有村民260户，565人，其中从业人员285人。主要姓氏有陈、蓝、张。村内有新建景点"老北京微缩景园"。

红泥沟　清代形成村落，因村中有一条水沟，附近土质为红胶泥土，故称红涧沟，后改称红泥沟。位于镇政府东南2公里处，村域面积1平方公里，村址海拔97.8米。1962年通电，1982年饮用自来水。2007年底共有村民134户，332人，其中从业人员183人。主要姓氏有王、李、赵。

居庸关　位于镇政府西北6.9公里处，下辖居庸关、九仙庙、东园、西园、南站、四桥子、沙岭、大梁、大梁湾、烧锅峪、葛条峪、白查、东古、姚店、碾盘沟、三桥子、前半山、南关等18个自然村。其中居庸关、南站、东园、姚店、南关等5个村明代

老北京微缩景园外景

形成村落，其余13个村于清代形成村落。自然村坐落在关沟两侧或支沟里，村域总面积38.5平方公里，村址海拔在180米至670米之间。铁路沿线的自然村1906年通电，1980年饮用自来水；山沟中的自然村1970年至1972年通电，饮用山泉水。2007年底共有村民352户，789人，其中从业人员522人。主要姓氏有李、刘、程、王、郑、宋、吴、杜、张、樊、董、杨、耿、沈、于、孙、谷、祁、冯、高、侯、申。

羊台子 位于镇政府西北10公里处，下辖羊台子、山羊洼、桃峪沟、湾子、沙洞子、石碴、浇花峪、贾房子、马庄子、石棚、羊圈子、前庄子、沙地、胡庄子、老和尚庙、槟榔峪、沙窑、黄庄、外台和东老峪等20个自然村，除马庄子于明代形成村落外，其余皆于清代形成村落。村域总面积约45平方公里，各自然村分布在响潭沟及其支沟的河流阶地或坡度较缓的山麓上，村址海拔在270米至568.2米之间。1972年至1975年陆续通电，一部分自然村1982年饮用自来水，一部分自然村饮用山泉水。2007年底共有村民136户，300人，其中从业人员116人。主要姓氏有谷、孟、秦、徐、赵、王、许、刘、孙、李、马、贾、张、靳、林、苗、崔、杨。

龙潭 位于镇政府西北5.3公里处，下辖龙潭、冯家湾、药材峪等3个自然村。其中龙潭村于明代形成村落，另外两个村于清代形成村落。村域总面积12.2平方公里，村址海拔在162.8米至270米之间。1968年通电，1981年饮用自来水。2007年底共有村民63户，160人，其中从业人员110人。主要姓氏有陈、于、孟、李、谷、高、王、冯。

燕磨峪 位于镇政府西北1.9公里处，明代形成村落。地处山前暖带，每年大雁都要在此停留一段时间，故名雁磨峪，也叫晏磨峪、燕麻峪，后来改称今名。村域面积1.4平方公里，村址海拔126.3米。1960年通电，1984年饮用自来水。2007年底共有村民90户，189人，其中从业人员122人。主要姓氏有杜、邢、黄。1966年4月，在村南发现战国时期墓葬一处。

檀峪 位于镇政府西南5.3公里处，明代形成村落。明代为居庸关南路的12处隘口之一，因隘口南、村落北有一眼大水泉，积水成潭，故名潭峪口，也称谭峪口。民国年间，在村北发现一棵距今约700年、比较罕见的青檀树，村名自此改称檀峪，沿用至今。村域面积5平方公里，村址海拔130米。20世纪60年代通电，1979年饮用自来水。2007年底共有村民303户，657人，其中从业人员341人。主要姓氏有孟、谷、姚、杜。村中的青檀树现为国家一级保护古树。

檀峪村村民有尚武之风，1949年，村里成立了武术团，练习擒拿、散打。1989年，村里再度建起了小武术队，利用每日早晚余暇，切磋技艺，锻炼身体，磨炼意志。

兴隆口 位于镇政府西南7.1公里处，明代形成村落。明代为居庸关南路12处隘口之一，称苏林口或苏龙口；清代晚期改称兴隆口，沿用至今。村域面积1.7平方公里，村址海拔170米。1963年通电，1982年饮用自来水。2007年底共有村民90户，310人，其中从业人员160人。主要姓氏有朱、马、刘、孟。村域内的古迹有清成哲亲王墓，现仅存遗址。

王家庄 位于镇政府西南5.7公里处，清代形成村落。村域面积0.7平方公里，村址海拔115.2米。20世纪60年代通电，1988年饮用自来水。2007年底共有村民81户，266人，其中从业人员130人。主要姓氏为王姓。在村南，东西并列生长着两株高大的酸枣树，一株高12米，胸径70厘米；另一株高21米，胸径90厘米；树龄均约为400年。据北京市林业专家说，这两株酸枣树是我国北方现存最大的酸枣树，被誉为"酸枣树王"。两株树至今枝繁叶茂，据当地人说，每年可收获酸枣近百斤。

七间房 位于镇政府东南2.7公里处，清代形成村落，为旗人聚居之地，称旗家房，后演变成今称。村域面积1.6平方公里，村址海拔81.8米。1962年通电，1987年饮用自来水。2007年底共有村民440户，1320人，其中从业人员690人。主要姓氏有朱、佟、洪、蓝、张。

花塔 位于镇政府西南6.7公里处，下辖花塔、张庄2个自然村，花塔村元代形成村落，张庄村清代形成村落。花塔村北有建于唐代的和平寺，寺内塔林中有一座建造精美的花塔，村落即以此命名，称花塔。村域面积共3.1平方公里，村址海拔140米至150米。1968年通电，1978年饮用自来水。2007年底共有村民147户，456人，其中从业人员213人。主要姓氏有赵、李、崔、高。村域内的古迹有和平寺，现为市级文物保护单位。自然资源有银矿、铅矿。

前桃洼 位于镇政府西南4.5公里处，明代成村。因地处桃峪山山前洼地而得名。村域面积 2.8 平方公里，村址海拔 97.7 米。1962 年通电，1976 年饮用自来水。2007 年底共有村民 371 户，950 人，其中从业人员 580 人。主要姓氏有谷、陈。

后桃洼 位于镇政府西南 3.7 公里处，明代成村，称后桃峪，因位于前桃洼村村北而得名。村域面积 5.5 平方公里，村址海拔 109.9 米。1962 年通电，1986 年饮用自来水。2007 年底共有村民 375 户，1048 人，其中从业人员 529 人。主要姓氏有于、谷。

长水峪 位于镇政府西南 4.7 公里处，明代成村，为居庸关南路 12 处隘口之一，因山谷中长年有水，故名长水峪口，后演变成今名。村民多为守军的后代。村域面积 2.6 平方公里，村址海拔 125 米。20 世纪 60 年代通电，1977 年饮用自来水。2007 年底共有村民 148 户，450 人，其中从业人员 267 人。主要姓氏有高、李、张、王。

新元村 位于镇政府西南 7.1 公里处，原为大石坡村，下辖大石坡、杏树梁、严窑、鹿角湾、五里营等 5 个自然村。其中鹿角湾为明代居庸关南路 12 处关隘之一，称鹿角湾口，建有正城一道，水门一空，西山墩一座，设守军 13 名，夜不收军 1 名。明代成村。五里营为明代驻军的兵营，后形成村落。大石坡、杏树梁、严窑为清代成村。村址地处山区，出行不便，1995 年迁至新址重建。1995 年通电、饮用自来水。2007 年底共有村民 73 户，185 人，其中从业人员 130 人。主要姓氏有周、张、秦、刘。

曹庄 位于镇政府西南 6.9 公里处，下辖曹庄、杨庄 2 个自然村，皆为清代成村，均以姓氏命名。曹庄村域面积 1.6 平方公里，村址海拔 119.1 米；杨庄村域面积 0.5 平方公里，村址海拔 134 米。1964 年通电，1986 年饮用自来水。2007 年底共有村民 105 户，292 人，其中从业人员 167 人。主要姓氏有曹、周。杨庄村内有一株树龄 200 多年的古槐，为国家二级保护古树。

响潭 位于镇政府以西 2 公里处，清代成村。村址原在响潭沟内，因村旁泉水激荡深潭有声，故名响潭，村即以潭命名。1958 年修建水库，村落迁至现址。村域面积 2.5 平方公里，村址海拔 115 米。1970 年通电，同年饮用自来水。2007 年底共有村民 61 户，158 人，其中从业人员 125 人。主要姓氏有陈、程。

响潭水库

东、西李庄 位于镇政府南 3.9 公里处，清末成村。村民多为 20 世纪 30 年代从流村镇王峪、大水峪、小水峪迁移至此落户的。村域面积 1.7 平方公里，村址海拔 79.9 米。1961 年通电，同年饮用自来水。2007年底东李庄共有村民120户，302人，其中从业人员170人；西李庄共有村民135户，420人，其中从业人员182人。两村的主要姓氏有李、姚、张、邢、马、秦。村域内的古迹有辽代古井一口。自1982年以来，李庄村即时有分合，2006年再次分为东李庄、西李庄。

北马坊 位于镇政府西南2.4公里处，明代成村，村名的由来与明代的养马制度有关。明初，因战事频繁，掌管全国马政的太仆寺就将马匹寄养在各州、县，每匹马给免粮地50亩，遇有战事，兵部可以就近调用。有关州、县则设立马坊，派专人管理、饲养和训练马匹，以备朝廷之需。当时，昌平州（县）内共有七处马坊，为了加以区别，邻近居庸关的马坊被称为苏岭口马房；清朝称汤峪沟马房，民国称北马坊，中华人民共和国成立后称马坊，1980年起改称北马坊。村域面积4.3平方公里，村址海拔105.3米。20世纪60年代通电，1985年饮用自来水。2007年底共有村民381户，1161人，其中从业人员658人。主要姓氏有李、张、王。村域内的古迹有新石器时代中期文化遗址；村南、村北各有一株唐槐，为国家一级保护古树。

自然环境

南口地区的地质构造受"燕山运动"的影响，北部群山连绵，地势陡峭；山谷中溪水奔流，四时不绝；南部是第四纪冰川沉积物覆盖的平原。气候属于暖温带大陆性半湿润半干旱季风气候区，春、秋凉爽宜人，夏季高温多雨，冬天寒冷多风；降水量适中，旱涝较少；日照充足，年平均积温约3800℃，无霜期200天左右，适宜多种农作物生长。

地质气候

南口地区的山地以东西向的中山带山地为主体，主要由中生界侵入岩组成，其次是喷出岩，山体具有块状分散、地势陡峻、起伏较大的特点。西山、军都山因受东北向及西北向断裂线的影响，在关沟两侧830米至920米的海拔高度上，普遍存在着夷平面，东园村附近的第二级阶地高出河床30米。而在其西侧的响潭沟，第二级阶地高出河床50米。

南口山前平原是由温榆河洪积、冲积作用形成的。冲积扇地势由西北向东南倾斜，坡降2%～3%。扇体典型，扇形完好，主要组成物质为沙砾石层。由于地壳升降差异、沟谷来水量大小和含沙量多少的影响，冲积物呈叠式结构。冲积扇地势西北高东南低，扇顶坡降0.3%，从顶部到前缘呈缓倾斜状，地势平坦开阔，略有起伏，组成物质多为黏砂、砂粒、粉细砂，分布规律从上部地带到前缘地带由粗到细纵向分布。

南口地区一年之中四季分明，特点突出。有天气测报以来多年平均气温11.8℃。全年日照总时数平均为2684小时。历年平均降水量为550.3毫米，最多为1002.5毫米（1956年），最低为318毫米（1984年）。南口地区地处康庄—八达岭—南口—温榆河河谷风带，全年风日平均304.9天，占全年天数的83.6%。

山梁沟壑

南口地区的山峰大多峻峭陡立,为北京平原的天然屏障,是兵家筑城建隘的自然依托。一些低山玲珑秀美,成为人们观赏风景的佳境。

梯子峪南梁 位于南口以西4公里、南口镇与流村镇交界处,因位于梯子峪村南,故名。属于太行山脉的西山山脉,海拔1067米。山势陡峭,岭脊大致呈东西向延伸,西与昌平区第一山峰——高楼山(1439米)的东北侧山脊绵延相接。山体由中元古界长城系、蓟县系白云岩构成。因地势较高,气候相对温凉,年平均气温7℃至8℃。山体植被以荆条、绣线菊、蚂蚱腿子等灌木草丛为主,山顶及阴坡有大片山杨和椴木林。山路崎岖,东坡沙洞子村有简易公路经响潭沟通南口。

梯子峪南梁是内长城以南一个重要的制高点,由此山梁下的沟谷南行或东南行,可达燕磨峪、大峪、汤峪、水峪、长水峪、檀峪、小峪、兴隆口等8处明代军事隘口。

马家岭子东梁 位于南口以西9公里处,因地处马家岭村东,故名。属于太行山脉的西山山脉,海拔824米,山体呈西北—东南走向。山体由燕山早期的岩浆岩复合侵入体构成,为燕山期以来形成的断块山地;其中部的细粒花岗岩体侵入到前期形成的石英二长岩及石英正长岩体之中。因花岗岩的球状风化作用，山间巨石叠垒，形态各异，山势雄奇。山间植被以荆条、绣线菊等灌丛为主。山梁的北侧、东侧、西侧山谷中有常年流水。西南侧的兴隆口沟内有简易公路通桃洼、南口。

马家岭子东梁地处南口西部地区的中浅山地带，在明代，它居高临下控扼着兴隆口、鹿角湾等2处军事隘口。

青水顶 位于南口西北16公里处，因山东麓有泉，称青泉，故名。属于太行山脉的西山山脉，海拔1239米，是南口境内第一高峰。山体由中生界侏罗系火山沉积岩及次火山岩构成，山势高耸，东北部出露燕山期花岗岩侵入体。因地势较高，气温相对温凉，年平均气温7℃至8℃。山东麓的羊圈子、老和尚庙等地有常年泉。山区植被以绣线菊、平榛、山榆等灌丛为主，顶部有椴树林。地势险要，明长城由此跨山越岭而过，于山之东北与八达岭长城相接。山间道路崎岖。山东麓羊台子沟有简易公路通南口；西麓帮水峪有公路，往北通延庆县西拨子村。

响潭北山 位于南口城西2公里处的第一条山沟中。属于太行山脉的西山山脉，海拔511米。此山为燕山期以来形成的褶皱单斜山地，山体主要由太古界片麻岩构成，岩石形成年代距今20多亿年。东南侧山前一带出露中元古界石英砂岩、砂页岩和白云岩等。山势略陡，顶部浑圆。地下水较丰富，两侧沟谷都有常年流水，西南侧山口建有响潭水库。山体植被多为灌木草丛。地处关沟、响潭沟之间，东控关沟南口，西扼响潭沟口，地势险要，古为军事、交通要地。山间道路崎岖，两侧沟谷均有公路通南口。

磨盘山 位于南口城北 6.5 公里处，属于燕山山脉的军都山山脉，海拔 1066 米。因山的顶部突起，下有次峰环列，远望似巨大磨盘状，故名。山体呈西北—东南走向。山势高大雄奇，突起于周围低山、丘陵之上，山间多悬崖峭壁，景致独特。山峰主要由中元古界蓟县系白云岩构成，北侧出露燕山期闪长岩、石英正长岩等侵入体，接触带上有大理岩风化现象。山体植被以荆条、平榛、绣线菊等灌丛为主，800 米以上的阴坡及沟谷地带有大片辽东栎林及零星分布的次生油松林。山路崎岖，交通不便。

磨盘山东麓为德（得）胜口沟，为居庸关以东一条可以穿越军都山的崇山峻岭，进入到华北平原的交通要道。辽乾亨元年、宋太平兴国四年（979 年）七月，辽将耶律斜轸率军隐蔽于此沟内，待宋军深入辽境后，与耶律休哥分左右翼突然杀出，大败宋军于高梁河。辽保大二年、金天辅六年（1122 年），金太祖完颜阿骨打亲率大军，一入居庸关，一入德胜口，攻陷燕京，萧妃遁走，辽臣尽降。明代，此沟南通明十三陵的重要隘口——德胜口，北达延庆县的柳沟城。明崇祯十七年三月十五日（1644 年 4 月 21 日），李自成率农民起义军就是从柳沟城出发，沿着德胜口沟南下，一路智取了居庸关，另一路先取德胜口，后下永安城，于三月十八日晚攻克北京城，推翻了明王朝统治。

神庙山 位于南口城北 9 公里处，是磨盘山与八达岭之间最高的山峰。因山顶上有一座神仙庙，故名。属于燕山山脉的军都山脉，海拔 1002 米。此山为燕山期以来形成的断块山地，山岭呈东西向延伸，东与磨盘山西北侧山脊相接。北坡出露燕山晚期的花岗岩侵入体，南坡为早期侵入的石英正长岩体。岩体表层风化程度较深，多沙粒状。山体植被以荆条、绣线菊等灌丛为主，顶部和阴坡有大片辽东栎林及其萌生丛。山路崎岖，交通不便，山北的延庆县北地村、山南的东古村有山路通八达岭公路。

降蓬顶 位于南口城东北 4 公里处，因顶部岩体形似降蓬状，故名。属于燕山山脉的军都山脉，海拔 861 米，是南口城东侧的最高山峰。为燕山期以来形成的断裂山地。山体由中元古界石英砂岩、白云岩等构成，四周断裂发育。山势陡峻，山间多悬崖峭壁。山体植被以荆条、绣线菊、北鹅耳枥灌丛为主。

降蓬顶南扼关沟的出山口，自古为交通咽喉和军事要地。

叠翠山 位于南口城西北 4 公里处。山上多风景林，每逢盛夏，山上重峦叠翠，碧波翠浪，吞奇吐秀，故名，又名罗汉山。属于燕山山脉的军都山脉，海拔 861 米。金代明昌年间即以"居庸叠翠"列为"燕京八景"之一。《西关志》记载：上有翠山寨。

雪山 位于南口城东南 5 公里处，又名积粟山、靴山。属于燕山山脉的军都山脉山前洪积台地上的侵蚀孤丘，海拔 118 米。山势缓和，顶部浑圆，相对高差仅约 40 米。为新生代以来台地受流水冲刷而形成的低缓孤丘。下部为第三系红色黏土层，上面覆盖着第四系更新统的淤泥质黏土和沙砾石层。山体植被以荆条、酸枣、黄草、白草等灌木草丛为主，阴坡有人工松柏林。1961 年，在此发现新石器时代人类文化遗址，距今 6000 余年，定名为雪山文化遗址。

南口地区的河流属于北运河水系温榆河的主要支流——北沙河。发源于军都山、西山的7条河沟总长度为57.1公里，流域总面积为170.1平方公里。

关沟 发源于"天险"石刻下的青龙潭，近年因水位下降，在青龙桥附近溢出。干流长18公里，流域面积70.6平方公里。

虎峪沟 发源于淙淙泉，干流长4公里，流域面积10.6平方公里。1959年在沟口建虎峪水库，库容为5.5万立方米。

响潭沟 发源于老和尚庙泉，干流长18公里，流域面积61.8平方公里。1958年在沟内建响潭水库，库容为718万立方米。

桃洼沟 发源于后桃洼村东北山沟（原水沟村）中，干流长3公里，流域面积3平方公里。1975年在沟口建水沟水库，库容为38.5万立方米。

檀峪沟 发源于檀峪沟口，干流长3.1公里，流域面积5平方公里。

花塔沟 发源于花塔村北，干流长3公里，流域面积4.5平方公里。

兴隆口沟 发源于沙洞子村南，干流长8公里，流域面积14.6平方公里。1958年建兴隆口水库，库容为8万立方米。

交通要道

南口镇的关沟作为联结长城内外人来货往的交通枢纽,至今已有3000年左右的历史。早在春秋战国时期就建成了古道,设立了驿站。由于路窄、坡陡、水大、流急,长期被人视为畏途。20世纪初相继建造了穿越关沟的铁路和公路,从此,天险变成了坦途。

古道驿站

关沟古道南通七朝古都北京,北出八达岭有两条道路:向西通往怀来、新保安、张家口、大同,向北可至延庆、永宁、四海冶,是连接关南塞北的咽喉要道。

关沟,古称军都陉,为太行八陉之一。

太行八陉总图

何谓太行八陉？《北边备对》解释道："太行山南自河阳怀县迤逦北出至燕北，无有间断，此其为山不同他地，盖数千百里自麓至脊皆险峻不可登越，独有八处粗通微径，名之曰陉。"

关沟狭窄的山谷是怎样形成道路的？公元前11世纪，周武王灭商后，封召公奭为燕国的国君，建都城于蓟（今北京城西北角）。春秋战国时期，出于经济交往和运输军用物资的需要，终结了关沟的原始状态，一条自蓟城经关沟而达漠北（今张家口地区）的车马大道逐渐发展起来。燕昭王二十九年（前283年），燕国大将秦开借助关沟的交通便利，击退了东胡，沿着燕山山脉自西向东设立了上谷、渔阳、右北平、辽西、辽东等五郡，巩固了北部疆域。

秦始皇统一中国之后，关沟以北建置了居庸县和上兰县。汉武帝元封元年（前110年），关沟以南建置了昌平县和军都县。县、乡的设立，使关沟古道纳入了国家管理的范围，兼有接待来往官员和传递文书职能的驿站也随着建立起来。驿站的建立促进了道路的维修养护，良好的路况促进了驿站交通网络的发展，二者相辅相成，相得益彰。驿站起源很早，战国时已有邮驿；与驿站相配套的驿道也得到了发展，关沟此时已能通行车、马。汉代大修驿路，规定每三十里设驿一所，供来往官员休息；并建有供歇宿的传舍和传递文书的邮亭。唐代为驿站置备了专供换乘的车、马，置办了驿田。辽、金、元时期，幽州城的政治地位不断上升，契丹会同元年（938年），升幽州为幽都府，建号南京；金贞元元年（1153年），迁都燕京，改燕京析津府为中都大兴府；蒙古至元九年（1272年），改金中都为元大都，定都于此，至元二十年（1283年）新城筑成，蒙古人称之为"汗八里克"，意即汗城。由于受不了新都城夏天的酷热，许多帝王贵胄每年都回到草原上去避暑。从大都至上都，全长1095里，沿途设24站。帝王、贵族、大臣犹如走马灯似的往返穿梭在关沟古道上，使这条驿道受到了前所未有的重视，得到了最好的维护。元代对关沟多次扩修，使"马列十五"可行。明代在居庸关附近设有4处驿站：

居庸驿　在关南门外2.5公里处，即今南站村。

榆林驿　在关北30公里处，即今延庆县康庄镇的榆林堡村。

土木驿　在关北60公里处，即今河北省怀来县的土木堡村。

榆河驿　明洪武二十七年（1394年）设立，在榆河店，即今沙河镇。明嘉靖三十六年（1557年）移置昌平州署东，即今昌平城。

在驿站之外，另置急递铺，专供处理紧急公文。明代在居庸关附近设立7处急递铺：

居庸急递铺　在居庸关城内。

长坡店急递铺　在关南2.5公里处，今南站村。

岔道急递铺　在关北15公里处。

帮水峪急递铺　在关西北20公里处，即今延庆县八达岭镇帮水峪村。

臭泥坑急地铺　在关南4公里处，即今居庸关村的西园自然村。

南口急递铺　在南口城南，即今南口村的大铺自然村。

龙虎台急递铺 在南口城东南 2 公里处,今龙虎台村。

明景泰年间,朝廷还征当地民夫修居庸关南北道路,以通粮运。

清初,康熙皇帝为了不断增进满、蒙两族的团结、合作,经常从关沟前往蒙古各部会盟。康熙十年(1671 年)十一月,命昌平、延庆两州官民"开凿居庸关险隘,以备辇道"。

清代,由于居庸关的军事地位不再重要,因而各种机构的设置也相当简略。在昌平州共设铺司 17 处,在南口地区有龙虎台、臭泥坑 2 处。

光绪八年(1882 年),清政府多次命地方官整修关沟道路。光绪三十三年(1907 年),世界汽车比赛时,从法国巴黎出发的 40 余辆汽车穿越欧亚大陆,比较顺利地通过了关沟古道,到达了比赛的终点——北京。

自汉至清,关沟由于设立了驿站,并数度整修道路,取道关沟出关入塞的行人、商旅日益增多,其中不乏帝王、名士、达官、显贵。通过他们或随员的笔触,使后人对各个时期关沟的景况,有了更加真切的了解。

北魏年间,关沟古道上出现了著名地理学家郦道元辛勤考察的身影。为了给汉代桑钦所著的《水经》一书作注,他在各地"访渎搜渠",留心观察水道的地理情况,将河流的发源地和流向,沿途流经的山岳、丘陵、陂泽,重要的关塞隘障、郡县乡亭村落的地址、故墟及有关的历史遗迹,认真考证,详细记述。经过多年坚持不懈的努力,完成了中国历史地理、水利沿革方面的鸿篇巨制——《水经注》。他在《水经注笺卷十四》中对湿余水（今称温榆河）的描写，使人们如身临其境般地领略到公元6世纪初的关沟风光：

湿余水出上谷（即上谷郡，治所在沮阳，今河北省怀来县东南）居庸关东。

关在沮阳城东南六十里居庸界，故关名矣。使者入上谷，耿况（当作况）迎之于居庸关，即是关也。其水导源关山，南流历故关下，溪之东岸，有石室三层，其户牖扇扉，悉石也，盖古关之候台矣。南则绝谷，累石为关垣，崇墉峻壁，非轻功可举，山岫层深，侧道褊狭，林鄣据险，路才容轨，晓禽暮兽，寒鸣相和，羁官游子，聆之者莫不伤思矣。其水历山南，迳军都县界，又谓之军都关，《续汉书》曰：尚书卢植隐上谷军都山，是也。其水南流出关，谓之下口，水流潜伏十许里也。

唐朝中期，著名边塞诗人高适（约700—765）途经关沟，留下了不朽的诗篇：

使青夷军入居庸"三首"

[唐]高适

一

匹马行将久，征途去转难。
不知边地别，只讶客衣单。
溪冷泉声苦，山空木叶干。
莫言关塞极，雨雪尚漫漫。

二

古镇青山口，寒风落日时。

岩峦鸟不飞，冰雪马堪迟。

出塞应无策，还家赖有期。

东山足松桂，归去结茅茨。

三

登顿驱征骑，栖遑愧宝刀。

远行今若此，微禄果徒劳。

绝坂冰连下，群峰雪共高。

自堪成白首，何事一青袍。

作为一名军官，高适长年生活在军旅之中，巡行于边关塞上，已不觉终日奔波之苦，山间行路之难。所以，诗中未述及关沟地势之险，山路之窄、陡，行路之艰辛，而着重描写了北地之苦寒，冰天雪地之中，飞鸟绝迹，战马缓慢前行的样子，衬托出边关守军忠于职守，以苦为荣的情怀。

南宋诗人汪元量（生卒年不详）原为宫廷琴师，元兵陷临安，随被掳的幼帝和太后北行。他写的《出居庸关》一诗，将当时居庸关一带的荒凉景况，真实地呈现在读者的面前。

出居庸关

[南宋] 汪元量

平生爱读书，反被读书误。

今晨出长城，未知死何处。

下马古战场，荆榛莽回护。

群狐正纵横，野枭号古树。

黑云满天飞，白日翳复吐。

移时风扬沙，人马俱失路。

踌躇默吞声，聊歌远游赋。

金朝天德、贞元、正隆年间，翰林修撰、同知制诰蔡珪经常伴驾出入居庸关。他笔下的《出居庸关》一诗，用白描的手法，将当年亲历、亲见的情景，真实地记录下来。

出居庸关

[金] 蔡珪

乱石妨车毂，深沙困马蹄。

天分斗南北，人问日东西。

侧脚柴荆短，平头土舍低。

山花两三树，笑煞武陵溪。

金代诗人刘迎（？—1180），大定年间进士，官至太子洗马。他乘马车穿越居庸古道，由于道路崎岖、坡陡，车行缓慢、颠簸，四十里山路好像走了数百里那么辛苦。特别是晚上来到八达岭陡坡下，他乘坐的这辆马车，前有马拉，后有人推，两边的人用手推挽着车轮上的木辐条，车在推进滑退的不断反复中艰难地前行，等马车来到八达岭上，天光已经大亮。他用下边这首诗，记述了这次难忘的艰难之旅。

晚到八达岭下，达旦乃上

[金] 刘迎

车马两山间，上下数百里，

萦纡来不断，奕奕似流水，

鲸形曲腰齐，蛇势长首尾。

我车从其间，摇兀如病齿，

推前挽复后，进寸退还咫，

息心固安分，尚气或被指，

徐趋自循辙，躁进应覆轨。

行行非吾令，枙亦岂吾使。

倦仆困号呼，疲牛苦鞭棰，

纮如五更鼓，相庆得戾止，

归来幸无恙，喘吁正如洗，

何以慰此劳，村醅正浮蚁。

元朝中晚期诗人萨都剌（约1307—1359），泰定年间进士，曾任南御史台掾，数次伴驾往返于大都与上都之间。他站在高处，俯瞰居庸关古战场，回顾历史上发生在这里的一次次惨烈的战事，内心向往着和平，发出"千古万古无战争"的心声，希望人们都能过上"男耕女织天下平"的美好生活。

过居庸关

[元]萨都剌

居庸关，山苍苍，关南暑多关北凉。

天门晓开虎豹卧，石鼓昼击云雷张。

关门铸铁半空倚，古来几多壮士死。

草根白骨弃不收，冷雨阴风哭山鬼。

道旁老翁八十余，短衣白发扶犁锄。

路人立马问前事,犹能历历言丘墟。
夜来芟豆得戈铁,雨浊风吹半棱折。
色消唯带土花腥,犹是将军战时血。
前年又复铁作门,貔貅万灶如云屯。
生者有功挂金印,死者谁复招孤魂。
居庸关,何峥嵘!
上天胡不呼六丁,驱之海外消甲兵?
男耕女织天下平,千古万古无战争!

明初大臣赵羾(1364—1436),事历洪武、建文、永乐、洪熙、宣德五朝,先后任刑部、工部、礼部三部侍郎,礼部、兵部、刑部三部尚书,阅历多,足迹广。在他任兵部尚书、专理塞外兵事、为永乐帝北征输送粮饷时,经常奔波在居庸关内外的山道上,根据切身体会感叹道:蜀道不难,居庸真险。

居庸关

[明]赵羾

蜀道之难不为难,险莫险于居庸关。
出关入关仅百里,千回万转羊角盘。
天生不假五丁凿,高为峭壁低为壑。
倚涧危桥独木支,悬崖怪石孤藤络。
修蛇倒褪猿猱愁,老子欲过回青牛。
山腰人家蛎粘壁,谷口寺宇鱼吞舟。
阴溜冰凝愁马滑,碍轮石角摧车辖。
云飞冥濛礼佛岩,泉声呜咽弹筝峡。

扪萝仰面看晴空，才与青天一握通。

东西日月午方见，南北车书今始同。

念我经行凡六次，忠勤宜堕王尊志。

铁鞭一挥出关来，满目田畴总平地。

清末变法维新运动的首领康有为（1858—1927），在筹划变法事宜之暇，登上居庸关的万里长城，抚今追昔，嗟叹往事成空，感念英雄造势。

登万里长城

[清]康有为

秦时楼堞汉家营，匹马高秋抚旧城。

鞭石千峰上云汉，连天万里压幽并。

东穷碧海群山立，西带黄河落日明。

且勿却胡论功绩，英雄造事令人惊。

汉时关塞重卢龙，立马长城第一峰。

日暮长河盘大漠，天晴外部数疆封。

清时堡堠传烽静，出塞山川作势雄。

百万空弦嗟往事，一鞭冷月踏居庸。

清朝初期著名的思想家、学者顾炎武于顺治十六年（1659年）春天，从京师西北的德胜门开始，沿着昔日的御路，按着自南而北的顺序，简洁地记述了山川村庄、名胜古迹的现状和历史变迁，编撰《昌平山水记》。在《昌平山水记》中，顾炎武对南口及关沟的记述十分精辟，他的许多名言被后人奉为经典，经常引用。例如他说关沟：自南口以上，两山壁立，中通一轨，凡四十里，始得平地,而其旁皆重岭叠嶂,蔽亏天日……自八达岭下视居庸关,若建瓴,若窥井,故昔人谓居庸之险不在关城,而在八达岭,而岔道又八达岭之藩篱。元人于北口设兵,其得地形之便者与。

京张铁路

清末,由中国人自主勘线、设计、施工建造的京张铁路,南起丰台,经过南口地区,穿越关沟天险,直达关外重镇张家口。此举既创造了当年铁路建设史上的一个奇迹,也改变了关沟古道陆路难行的状况,将千古险阻变成了人们梦寐以求的风雨无阻、四季畅通的坦途。

早在清光绪二十一年四月二日(1895年5月2日),维新派首领康有为率1200余应试举人"公车上书"时,就提出了立国自强的大计是修建铁路。同年7月,清政府明定"修铁路"为"力行实政"的首要项目。1899年,沙俄帝国向清政府提出修筑从恰克图经库伦、张家口到北京的铁路的要求,清政府未同意。1903年,商人李明和首议商办京张铁路。清政府虽不赞成商办,却由此引起了对这条铁路重要战略地位的高度重视。经过一年多的外交谈判,清政府同英、俄政府达成协议,决定不用任何一国的洋工程师,使用京奉铁路的余利,由中国人自己建筑和经营京张铁路。光绪三十一年(1905年)五月,成立京张铁路总局和工程局,任命陈昭常为总办，詹天佑为总工程师兼会办。

詹天佑（1861—1919），字眷诚，原籍安徽省婺源县（今属江西省），出生在广东省南海县一个没落茶商的家庭。7岁开始在县城的一家私塾读书，12岁考取了赴美官费留学生。经过6年的基础学习，考入耶鲁大学土木工程系铁路工程专业，3年后以优异的成绩毕业回国，并取得学士学位。回国后，曾在广东水陆师学堂任洋文教习。光绪十四年（1888年），经留美同学邝孙谋的推荐，进入中国铁路公司任工程师。他参与了山海关内外铁路的建设，建造了滦河大铁桥。光绪二十八年（1902年），由他担任总工程师建造的皇家工程——新（城）易（县）铁路，在隆冬时节，只用了4个月的时间就高质量地建成通车，开创了中国工程师自己勘测、设计、建筑铁路的先河。詹天佑因此声名鹊起，成为其后不久中国人建造京张铁路无可争议的最佳人选。

詹天佑荣膺新职后，深知责任重大。英、俄两国争夺京张铁

詹天佑像

路筑路权的喧嚣，虽因中国政府的决定而渐渐平息下来，但是英国人所谓"中国能开凿关沟之工程司（师）尚未诞生于世"的狂言，却深深地刺痛了他的民族自尊心，也使他对关沟路段修筑的艰难有了心理准备。他对朋友们说："中国正在觉醒，已感到需要铁路。如果我失败了，那就不仅是我个人的不幸，而且是所有中国工程司（师）和中国人的不幸。"詹天佑说的话，刺激并鼓舞了全体施工人员，"上自工程司（师），下至工人，莫不发愤自雄，专心致意，以求达到其竣工之目的"。

在建造京张铁路的过程中，詹天佑表现出了极高的民族责任感、卓越的组织才能、清醒的科学头脑和吃苦耐劳的工作精神。在工程的筹备阶段，人手十分紧张，他不以官自居，身兼多职，工作起来不分昼夜。在勘测路线时，他深入第一线，率领工程技术人员从丰台出发，每天跋山涉水，风吹日晒，精心测量每一个路段，直到张家口。在测线的同时，詹天佑还认真地调查了沿途各地经济贸易状况和自然资源的储藏量，为提高铁路的经济价值进行前期调研。鉴于国力较弱，詹天佑先后测量了三条路线，经过对比，选择了既能保证工程质量，又能节省经费的关沟线来施工。

光绪三十一年九月初四（1905年10月2日），京张铁路正式开工了。在举世瞩目的重大工程中，詹天佑显示出超人的智慧和旺盛的精力，他不仅要监督施工质量，解决施工中的疑难问题，还要为拨款、征地等事项奔走。为了节省开支，精打细算，他采用了分段施工、分段通车的办法，不仅可以利用建好的路段运输

南口车站旧貌

施工器材,加快工程进度,减少工程费用,还能便利沿途客商,尽快收回成本。列车所用煤炭均由沿途所经的鸡鸣山、新保安山两矿供应,每年节省许多运费。在为南口火车站选址时,詹天佑看到南口村的老百姓耕地很少,竟一亩熟地也没征,把站址选定在村南 2 公里的荒野河滩上,宁可自己的生活环境艰苦一些,也不扰民。为了不使居庸关村的农民因为修铁路而倾家荡产,他特意将路线向东绕行 20 多米,保住了近百间房子。

1906 年 9 月 30 日,历时不到一年,丰台至南口段铁路竣工通车了。詹天佑将办公地点迁至南口,集中精力进行全线地势最险要、地质情况最复杂的南口—岔道城路段的施工。这一路段的关键工程是开凿八达岭隧道。为了确保工期,詹天佑采用了中距离凿井、四面对挖的方法,通过增加工作面来提高挖掘进度。他还用分工、换班的办法来保持工人的体力:将60名工人编为一班,其中40人为凿工,20人为运输工,次日分拨轮换工种。经过工程技术人员和工人的通力合作,终于高质量地开凿出长达1145米、当年闻名世界的八达岭隧道。在施工中,井下炭气很重,詹天佑就在井口设置了换气扇,不断输入新鲜空气,以保证工人的身体健康。在隧道中,大约每隔91米就设一个避险洞,确保检修工人的安全。

为了解决列车安全翻越八达岭的难题,詹天佑巧妙地利用青龙桥的天然地势,运用"之"(亦称"人")字形线路减小坡度。上行车至此沿着南侧山麓驶入青龙桥东沟,在等高处进入北侧山麓的轨道,然后驶出东沟,向北顺利地翻越八达岭。由于关沟段山险坡陡,铁轨每向前延伸33米,路基就升高1米。为了给列

举行京张铁路通车大典时的南口牌楼

车配备足够的爬坡马力,他首创了双机牵引的办法,一辆机车在前面拉,另一辆机车在后面推,使这个难题也迎刃而解。

宣统元年八月十二日(1909年9月25日),京张铁路在一万多名中国铁路工人和工程技术人员的共同努力下建成通车了。八月十九日(10月2日),在南口火车站举行了隆重的通车大典。邮传部尚书徐世昌和中外来宾、铁路员工一万余人出席了大典。中国的官员和工人们在典礼上眉飞色舞,欣喜若狂,感到无比自豪;一些狂妄一时、预言"中国能开凿关沟之工程司(师)尚未诞生于世"的外国铁路工程师们,在无可挑剔的工程面前,无可奈何地竖起了大拇指。

京张铁路全长273公里,沿途设16站。在詹天佑主持下,全部工程历时4年,比原计划提前两年建成通车,共耗银693.5

京张铁路建成后第一辆彩车驶进南口车站

万两，比原预算省银 28.8 万两，在中国和世界铁路史留下了光辉的一页。1912 年 9 月 6 日，孙中山先生在视察京张铁路途中，于南口火车站下车，乘汽车前往天寿山，拜谒明十三陵。一百多年来，这条铁路虽然经历了多次战火和自然灾害的劫难，但依旧完好无损，经受住了历史的考验，至今仍为国家建设贡献着力量。

京张公路

旧时，南口地区共有三条公路——（北）京张（家口）公路、南（口）雁（翅）公路和温（泉）南（口）公路，形成了南口四通八达交通网络的公路干线。村落之间，平原有供马车通行的土路，山区只有人行马走的小道。

京张公路南起北京城的德胜门，向北经清河、沙河至昌平，向西经雪山、陈庄、龙虎台至南口，穿越关沟，经延庆、宣化到张家口。京张公路南口路段是在古代驰道、驿路的基础上逐步整修拓展而来的，至 1934 年，基本形成了简易公路。但是，这条公路建在关沟的山谷里，每逢夏季山洪暴发，河水漫溢，往往冲毁公路，中断交通。1941 年，侵华日军出于战争的需要，强抓民夫，加固京张公路。将南口至八达岭路段的公路改建在关沟西侧的山坡上，路面宽 5 米，成为雨雪无阻的全天候公路。由于路窄、坡陡、弯急，建成后经常发生交通事故。1996 年 1 月，国家投资修建

八达岭高速公路

北京通往西北地区110国道（北京经张家口、呼和浩特至银川）的起始段——八达岭高速公路。工程分为两期施工：第一期工程1996年1月开工，同年11月完工；从德胜门外马甸桥至昌平卫星城，全长31.2公里，双向4车道，全封闭，全立交，设计时速80公里至120公里。第二期工程1997年1月开工，1998年10月竣工，从昌平西环岛经关沟至延庆岔道城，全长30.67公里，设计时速平原区80公里至100公里，山区60公里至80公里。为客货运输和发展旅游提供了方便快捷的高等级公路。

南雁公路东起南口，向西经流村、高崖口、了思台、马刨泉、门头沟区（旧称宛平县）的大村、芹峪至雁翅，全长52.9公里，昌平区境内长32.79公里，南口路段长8公里。这是一条古代边陲关隘之间互相联络的交通干道，远在明代就已形成规模。当时，驻白羊城、长峪城、横岭城、镇边城及其下属隘口官兵的粮饷，都是经过这条车马大道，从南口转运来的。1939年秋至1942年夏，

南雁公路

侵华日军为了掠夺门头沟的煤炭资源，打通第二条从南口至怀来的交通线，强抓民夫开凿北西岭盘山公路。1955年12月，国家按旧五级公路标准修建全路段，至1956年11月，南口至马刨泉段竣工。路基宽度：平原和丘陵为8.5米，山岭为7.5米；路面宽度：平原和丘陵为6米，山岭为5.5米。1967年7月，对南口经西峰山至高崖口段路面进行渣油表面处理，全长16公里。路况的改善，为山区人民出行、城乡物资交流提供了便利。

温南公路南起海淀区的温泉，经辛庄、前沙涧、后沙涧、昌平区的阳坊、土楼至南口，全长21.42公里，昌平境内路段长14.9公里，南口路段长6公里。这条路是明代以前从京师至南口的必经路段，直至清末，仍有驮队商旅行走；庚子年（1900年），慈禧太后、光绪皇帝就是由此路出京西行的。1940年，侵华日军强征民夫修建了这条"警备路",路基宽 5 米,沿线村庄建有炮楼,日军、警备队昼夜巡逻,封锁西山的抗日根据地,盘查过往行人。1956 年 3 月 15 日,按旧五级公路标准扩建公路,昌平段自南口镇西大桥桥头起,经土楼至阳坊,长 10.84 公里。1956年 12 月 22 日竣工,路基宽 8.5 米,路面宽 6 米。1966 年 9 月,对路面进行了渣油表面处理。

南口城南门

军事重镇

古往今来,居庸关作为北京的军事屏障,其之得失事系朝廷安危,故称"京师之枕";明朝曾建有"五座城池锁居庸,百里隘口镇边关"的古今巨防。"居庸自古多战事",许多改朝换代的关键之战,都在这里"一锤定音"。至于凭险设关、屯垦戍边,是我们祖先对世界军事的杰出贡献,并在这里率先垂范。

城池关隘

"居庸"一词,最早见于战国时期的古籍《吕氏春秋》的《有始览·有始》篇。书中记载:"天有九野,地有九州,土有九山,山有九塞。""何为九塞?大汾(战国时属于魏国)、冥厄(战国时属于楚国,在今河南省信阳市西南)、肴(战国时属于秦国,在今陕西省潼关以东至河南省新安县)、井陉(战国时属于赵国,在今河北省井陉县北)、句注(战国时属于赵国,在今山西省代县西北的雁门关)、荆阮(战国时属于楚国)、方城(战国时属于楚国,在今河南省方城县北)、令疵(战国时属于燕国,在今河北省迁安县西)、居庸(战国时属于燕国,在今北京市昌平区西北)。"

居庸关名称的由来,源于"徙居庸徒"一词。常见的解释有两种:一是秦始皇消灭割据称雄的六国,建立了中国历史上第一个统一的中央集权的封建国家后,强征庸国的民夫到这里来修筑长城。庸国是个古老的国家,在历史上曾派兵随同周武王推翻商朝。春秋时(前770—前476年)是秦、楚、巴三国之间一个较大的国家,国都为上庸(今湖北省竹山县西南)。公元前611年为楚、秦、巴所灭,遂纳入楚国的版图。至公元前223年楚国灭亡,又经过了近400年,即使强征该国民夫亦应称楚,不应称庸。故此说较难成立。二是在战国、秦、汉时期,"庸"与"佣"两字相通,当时称雇佣劳动者为"佣客"或"佣夫"。将没有生产资料的"佣客"有计划、成批地迁徙到地广人稀的边陲塞上,建立村落,垦荒戍边,平时务农,闻警参战,是许多国家采取的一种保国御敌的策略。移民至此,并在这里定居下来的人中,以"佣客"占多数或全部,遂将这座关隘命名为居庸关,此说法应该是合理、可信的。

居庸关建于何时?尽管至今尚无确论,但是,许多学者认为:此地古时属燕国,与北面的东胡接壤;公元前663年,齐国帮助燕国征伐东胡之后,燕国为了防止东胡日后卷土重来,就在地势险要之处设立边塞,并徙居大量没有后顾之忧的佣客来充实边防。当时称居庸塞。汉初始称居庸关。

两千余年来,居庸关曾数迁其址,数易其名。宋国玺、于秉银撰写的《居庸关考》认为:最早的居庸关关址应在关沟中的"天险"附近。东汉末年一度改称西关。北齐在边塞互市,于关沟中置纳款关,设关收税,故名。此时关址已移至今上关城。唐代称蓟门关、军都关,辽、金、元称居庸关,皆指今之上关城。明初建关城于今址,居庸关之名沿用至今。

居庸塞或居庸关最古老的关隘,因年代久远,已无遗迹可寻。郦道元在《水经注》中写道:"其水导源关山,南流历故关下,溪之东岸,有石室三层,其户牖扇扉,悉石也,盖古关之候台矣。南则绝谷,累石为关垣,崇墉峻壁,非轻功可举。"说明在公元6世纪初,我国北方处在鲜卑人的统治下,关沟已无设险的必要;关虽废而石垒的关垣、接待过往官员的候台尚在,而且令人目睹雄关险隘，能够联想到昔日防御工程的浩大。

北齐天保六年（555年），文宣帝高洋为了加强对突厥、西魏及其他部族的防御，"发夫一百八十万人筑长城，自幽州北夏口至恒州（今山西省大同市）九百余里"。"七年（556年），自西河（今山西省汾阳县）总秦戍筑长城，东至于海。前后所筑东西凡三千余里，率十里一戍，其要害置州、镇，凡二十五所"。这座东西走向、经过居庸夏口的长城有什么特点呢？《北齐书·斛律羡传》做出了如下补充："自库堆戍东拒于海，随山屈曲两千余里，其间二百里中，凡有险要或斩山筑城，或断谷起障，并置立戍逻五十余所。"

北齐初年，在居庸关故关南建新关城，即今上关城。既可防御突厥南侵，又能在边境贸易中设关收税。北齐称纳款关，女真人称之为"齐喇哈蕃"（盐关）。

元朝统一中国后，定都燕京，改称大都。每年夏天，皇帝都要从大都经关沟到上都（今内蒙古自治区正蓝旗以东、闪电河北岸）去避暑，遂在关沟中的长坡店（今居庸关关城处）建造了一座行宫。与此同时，在关沟的北口（今八达岭）和南口（今南口村）各建了一座大红门，晨启昏闭，以保证皇帝的安全。

明洪武元年（1368年），徐达、常遇春北伐燕京，元主夜出居庸关北遁，二人遂于此规划建立关城，以为华夷之限。明成祖迁都北京后，京师距边关不过百里之遥。为了巩固中央集权政权，打击蒙古贵族的复辟势力，朝廷不惜重金，在京师西北的重要门户居庸关，建长城、修城池、设关隘，建起了一道东西数百里、南北五座城池的立体防线，形成了固若金汤的古今巨防。

居庸关长城修筑在关沟的北口八达岭。战国时期，燕国曾在八达岭一带构筑长城。北魏建造的"畿上塞围"长城，西至黄河，东至上谷军都山，八达岭长城就是其中的一部分。明代的八达岭长城始筑于弘治十七年（1504年）秋七月，由时任经略边务、大理寺右少卿吴一贯所创立，建在北口两侧的山脊上，长2.3公里。正德十年（1515年）秋，兵部尚书王琼遣都督刘晖、参将桂勇和贾监坤督修八达岭边墙，东接灰岭口，西接石峡谷，全长65.5公里。隆庆二年（1568年），谭纶、戚继光主持北方防务，将原来简陋的边墙改建成有空心敌台的、可以两面御敌的砖石结构长城。同时，扩建八达岭长城，东起石佛寺口，西至糜子口，长20.5公里，至万历元年（1573年）建成。至此，居庸关的长城防线已完成，向东可达山海关，向西可至紫荆关，与长城沿线的倒马关、紫荆关并称为内三关，成为拱卫京师和帝陵的重要屏障。一旦遇警，位于山西省境内长城沿线的外三关——雁门关、宁武关、偏头关，可从侧后攻击来犯之敌，以解内三关之危。

居庸关位于南口以北7.5公里处，是关沟防御系统的指挥中枢。明洪武元年（1368年）建城，据《西关志》记载：

周围一十三里有半二十八步有奇。东筑于翠屏山，西筑于金柜山，南北二面筑于两山之下。各高四丈二尺，厚二丈五尺。南北各设券城，重门二座，城楼各五间，券城楼各三间。水门各二空，南城西水门闸楼三间。四面敌楼一十五座，共城楼五十七间。关城外，南北山险处，

南口城的虎皮墙

共筑护城墩六座，东南、西南各一座，东北二座，西北二座。烽堠墩一十八座。

南口城建于明永乐二年（1404年）。据《西关志》记载："其城上跨东西两山，下当两山之冲，为堡城。周围二百丈五尺。南北城门城楼二座，敌楼一座，偏左为东西水门，各一空。护城东山墩一座，西山墩三座，烽堠九座。"南北城门、城楼皆用砖，城墙为石垒的虎皮墙。崇祯十二年（1639年）重修，清雍正十二年（1734年）再次修葺。此后屡经战火摧毁，大部分城墙今已不存，仅有南面城墙及城门较为完整，城墙高5米，上宽3.5米，下宽5米，东至西长约300米。

上关城位于居庸关以北4公里处，曾为居庸关旧址，建于北

上关城南城墙遗址

齐初,明永乐二年(1404年)重修,宣德三年(1428年)再次重修。据《西关志》记载:"其城上跨东西两山,下当两山之冲,为堡城。周围二百八十五丈。南北城门城楼二座,敌楼一座,偏左为东西水门,各一空。护城墩:东山二座,西山二座,烽堠一十二座。"

八达岭城位于关沟北口,明弘治十八年(1505年)副总兵纪广督建。《西关志》载:"其城上跨东西两山,下当两山之冲。高二丈五尺,厚一丈,长六百八十丈。南北城门城楼二座,敌楼二座,城铺二间,护城东山平胡墩一座,西山御戎墩一座。"因受地形限制,城池东窄西宽,呈梯形,城内面积仅有5000平方米。南、北两门各有门额,南门门额为"居庸外镇",明嘉靖十八年(1539年)巡按监察御史陈豪所书;北门门额为"北门锁钥",万历十年(1582年)总督蓟辽保定军务、兵部尚书吴兑所书。隆庆三年（1569年）至万历元年（1573年），将土筑城墙改建为砖石结构，平均高约8米，宽约6.7米，可供十人并行。在城墙上修了附墙台和空心敌台，敌台均为两层，上层有垛口，既可以隐蔽身体，还能在隐蔽的同时射箭。下层设有券洞，可以驻兵或储存粮草及武器。在城墙外增筑了城堡和烽火台，以加强瞭望和报警。顾炎武在《昌平山水记》中写道："自八达岭下视居庸关，若建瓴，若窥井。故昔人谓：居庸之险不在关城，而在八达岭。"因此，从建城之日起至《西关志》刊刻时的50余年间，守城官兵忠于职守，竭诚效命。正如《西关志》中所述："至今每遇春秋，守关者率兵于城外挑掘偏坡、壕堑以防虏寇。隆庆卫地方，外口尤为紧要，失此不守，则居庸不可保矣。"

其他还有：岔道城、白羊口堡城、横岭口城、镇边城。

在明代，居庸关长城沿线城池下辖若干隘口，封锁了关沟两侧及长城内外的大小路口，即使敌军潜入长城，也难以逾越排列严密的隘口，确保京城万无一失。

针对关沟内河大水深、夏季易发山洪的特点，为了保证随时，特别是在恶劣天气情况下调动军队，闻警驰援，关沟内还修建了许多石桥。其中较大的石桥有：迎恩桥，在关南12里处；永安桥，在关北4里处；青龙桥，在关北25里处，据《西关志》记载："今重修倍于往昔，人甚便之。"

此外，还修建了许多小石桥。据《西关志》记载："在本关迤北，游路曲折，水流旋绕，人多病涉，因架石为桥，以便往来。自北关至青龙桥，小石桥一十三座，皆无名，俱以头桥、二桥挨次呼之。"

在当时，传递军情主要靠摆拨军快马接送。居庸关的摆拨军北自八达岭起，南至京城兵部门前止，东至灰岭、昌平州止，共十一拨。设督察官员，军二十四名，马二十五匹，每半月一换，轮流传报。在白羊口另设三拨军士，共六名，担负西路边城至居庸关的军报传递。

俗话说：兵马未动，粮草先行。居庸关守军多，战线长，后勤供应不可或缺。明初以来，陆续在居庸关设立永丰仓、丰裕仓、广积仓和预备仓，在白羊口、长峪城、横岭口、镇边城和榆河驿各建仓场一所。在居庸关、白羊口、长峪城、横岭口和镇边城各设草场一处。

为了解决守军将士子弟学文习武之需，在居庸关南门外建房43间，设立儒学、文社学、武社学各一所，在白羊口、长峪城、横岭口、镇边城、榆河驿、土木驿、榆林驿和灰岭口各立社学一所。

此外，库房、教场、公廨、祠庙、窑冶等相关设施也一应俱全。

屯田驻军

远在居庸建塞之前，朝廷已经在此"徙居庸徒"，屯田戍边。建关之后，只有在五代十六国时期，因这里由北方少数民族统治着，没有设关驻军的必要，居庸关曾一度废置。自南北朝以来，历朝历代都在居庸关及南口、北口屯田、驻军，精心守护着事关朝廷安危的军事命脉。

屯田是我国自西汉以来各个朝代统治者为取得军队给养或税粮，利用士兵和农民开垦荒废田地的一种方法，有军屯、民屯和商屯之分。元朝政府对军屯十分重视，称之为"守边之计""养兵息民之道"，通过实行屯政，"天下无不可屯之兵，无不可耕之地矣"，从而使士兵和土地都得到了充分的利用。屯田带来的丰硕成果引起了上层统治者的兴趣，为了率先垂范，就连枢密院直接统领的皇家卫队——禁军前卫、左卫、右卫、中卫、后卫也都参与到屯田大军中来。至元十五年（1278年）九月，开始置立禁军后卫屯田。起初是在永清县（今河北省中部，永定河流域），后因永清县田亩低下，迁至南口东边的太平庄。泰定三年（1326年）五月，泰定帝"以太平庄乃世祖（即忽必烈，每年往来于上都与大都之间的）经行之地，营盘所在，春秋往来牧放卫士头匹，不宜与汉军立屯，遂罢之。止于旧立屯所，耕作如故，屯军与左卫同为田一千四百二十八顷一十四亩"。

明初，昌平地广人稀。据《昌平县志》记载：洪武元年（1368年），划出东部四里建怀柔县后，"东西广120里，南北袤230里"，境域面积约为6900平方公里；洪武二十四年（1391年），昌平全县民籍人口仅为3780户，16946人，平均每平方公里只有不足3人。为了充实边塞户籍，储备兵源，朝廷决定大量移民，在南口西边的山前坡地上置立民屯。在明朝的二百多年间，朝廷在居庸关辖域内先后置立了62个军屯，其中关北52个、关南10个。关北的屯堡大致沿着长城外侧和驿道两边分布，关南的军屯是靠近燕山南麓和昔日幽州古道（南口—阳坊—温泉一线）、京陵（京师—清河—沙河—昌平—明陵一线）御道纵深排列，以此作为军事防御的辅助措施。

清朝在建立政权的过程中，同蒙古贵族结成了互助、互信的联盟，因而开国之后，几乎在京师的北部关隘不再设防。前朝居庸关管辖的军屯全改为民屯，并逐渐向普通民庄过渡。到了民国时期，昌平县及南口地区已无屯田之制，只能从一些老村名中感受到屯田历史的印迹。

自古以来，关沟始终是蓟城（幽州）的天然屏障，特别是辽代以后，关沟的得失关系着政权的存亡，因此，历朝历代都在此驻有重兵。

明初，大将军徐达、副将军常遇春就在关沟筑关城、设隘口，驻扎重兵，北拒蒙古，南卫疆土。成祖迁都，南口至京师不过百里之遥，地位更加显要，驻军逐渐增多。驻军中有长驻军，即主军；也有遇警临时增援的暂驻军，即客军，则解警撤兵。通过南口地区驻军由少到多的变化，人们会发现居庸关及沿线防御体系日益严密。

洪武三年（1370年），徙山后诸州之民于关内，于居庸关立守御千户所，永乐二年（1404年）改为隆庆卫，卫驻所在居庸关。长驻守军原额14246名，由一名参将统领，受驻昌平城总兵节制。朝廷有关部、院在居庸关也有派驻官员，或监察，或协辅，共同为朝廷效力。守关将士除了配备刀、枪、剑、戟等常规兵器外，还有大将军炮、铜佛朗机等数十种火炮。

清王朝在夺取政权和巩固政权的关键斗争中,都曾得到蒙古贵族的有力支持,而且此时蒙古已纳入大清国的版图,所以,南口地区的军事地位一落千丈,关沟古道上又出现了人来货往的繁忙景象。居庸路设守城都司一员,中军把总一员,分防南口城经制外委一员,镇边路把总一员,八达岭把总一员,白羊城汛额外外委一员。居庸路都司驻扎居庸关城内,管辖地方:东至东三岔35公里,接怀柔城界;西至挂枝庵50公里,接泰宁镇属马水路界;南至雪山14公里,接昌平营界;北至岔道城14公里,接宣化镇界。守军181名,马33匹,子母炮4位,炮手守兵6名,鸟枪69杆,鸟枪守兵69名。镇边路子母炮1位,炮手守兵7名,鸟枪14杆,鸟枪守兵14名。

民国时期,由于军阀混战、日军发动侵华战争、蒋介石挑起内战,时局动荡,南口地区的驻军如走马灯一般,变换频繁。

民国二十年(1931年),北平宪兵(原东北军张学良部宪兵改编)驻防南口地区一个宪兵大队,辖四个中队:两个中队驻南口,一个中队驻高崖口,大队部带一个中队驻白羊城。民国二十四年(1935年),国民党政府军宋哲元第29军何基沣部驻防南口。

日军发动侵华战争期间,南口地区沦陷,被日军盘踞8年之久。

抗日战争胜利后,南口地区成为国民党统治区。

民国三十四年(1945年)十月,国民党政府军第16军22师和94师各一部进驻县域内,第94师师部及280团驻南口地区。民国三十七年(1948年),驻县国民党政府军第104军(暂三军)

259师、青年军207师先后驻南口镇,同年5月国民党政府军第92军142师两个团驻县域西部上店、下店村。

中华人民共和国成立以后,中国人民解放军陆海空三军和各兵种部队、科研部门和中国人民武装警察部队陆续进驻南口地区,担负着保卫首都北京的光荣任务。

主要战事

两千多年来,关沟南北作为历代兵家必争之地,发生过许多激烈的战事。金取代辽、元取代金、李自成农民起义军推翻明王朝等改朝换代的关键之战,都是在关沟一锤定音的。

清代及以前战事 北魏孝昌元年(525年)八月,柔玄镇(今内蒙古兴和县)人杜洛周在上谷聚众起义,率农民军南下攻破居庸关,在县域打败魏兵。翌年一月,杜洛周联合其他起义军攻占军都关。五月,北魏燕州(治所昌平)刺史崔秉弃城而逃。

契丹神册二年(917年)三月,契丹阿保机率部30万人南下进攻幽州,后唐幽州节度使周德威率兵扼守居庸关,被契丹军战败。阿保机率部直逼幽州城。四月,后唐将李嗣源率兵救幽州。八月,阿保机兵败,逃出居庸关。

北宋宣和七年(1125年),金分兵两路进攻南京,东路由宗望率军主攻,西路由宗翰率军助攻,占易州后出奇兵袭取昌平,内外夹击攻占居庸关。

元太祖六年（1211年），成吉思汗"自将南伐"。距关百里不能前，召札八儿问计。札八儿献计曰："从此而北黑树林中有间道，骑行可一人。臣向尝过之。若勒兵衔枚以出，终夕可至。"成吉思汗"乃令札八儿轻骑前导。日暮入谷,黎明,诸军已在平地,疾趋南口，金鼓之声若自天下，金人犹睡未知也。比惊起，已莫能支吾，锋镝所及，流血被野。关既破，中都大震"。九月，蒙古军攻居庸关，金守将完颜福寿弃关败走。蒙古左帅哲伯遂入关，攻金中都城三月未下，被迫撤退。

元太祖八年（1213年）七月，居庸关守军冶铁铸关门、布铁蒺藜百余里，派精锐军士守城。蒙古军取道紫荆口攻居庸关大败金军，至中都燕京城下。

元泰定五年（1328年）七月，泰定帝死于上都，内乱起。八月，调兵守居庸关。九月，元将雅克特穆尔率部与上都王禅部战于居庸关南横桥村一带。同月,雅克特穆尔率部迎战王禅军于榆河（温榆河），王禅军战败后集结残部复战于白浮村西，被雅克特穆尔率部战败，王禅军败走，因关沟路窄坡陡，被杀数千人。

明建文元年（1399年），余瑱为北平卫指挥使，燕王朱棣起兵"靖难"之后，他与谢贵图谋灭燕不遂，贵死，余瑱退守居庸关。燕兵全力攻瑱，瑱且战且守，终因援兵不至，弃关走怀来，力尽被执。

明正德九年（1514年）八月，蒙古瓦剌部落小王子率军攻入白羊口，骚扰京畿。

明正德十一年（1516年）七月，小王子复犯白羊口，被守军击退。

明嘉靖四十年（1561年）九月，蒙古俺答部落进犯居庸关，被参将胡镇率兵击退。

崇祯九年（1636年）七月，清兵由居庸关东路关隘灰岭口、贤庄口、锥石口等处攻入昌平，巡关御史王肇坤等人战死。崇祯十七年（1644年）三月十五日，李自成率农民军攻破居庸关，十六日攻占昌平城，乘夜经沙河镇南进包围京师，十九日攻破北京城，明亡。

清顺治元年（1644年）五月，睿亲王多尔衮率清军抵京攻打李自成农民军。京北和居庸关守军降清，清军占昌平城。

国民军与奉鲁联军之战　1926年初，奉系军阀张作霖联合直系军阀吴佩孚，从东、南两个方向迫近北京城，准备夺取中央政权。驻守在北京的国民军总司令冯玉祥为了向全国人民表白自己没有政治野心，通电全国宣告下野，旋即又赴苏联进行考察。当时，国民军在3个战场上与张吴联军作战，战线长，兵力分散；山西军阀阎锡山乘机出兵大同，威胁国民军去绥远的退路。国民军在艰难的处境下，于4月15日放弃北京，退守南口，凭借居庸关天险，构筑了许多钢筋混凝土的防御工事，在南口东河套挖了一条8米宽、7米深的堑沟，准备与张吴联军决战。

4月中旬至下旬，张作霖与吴佩孚之间发生了一些摩擦，吴佩孚遂按兵不动，张作霖转而与昔日的部下、当时为山东省督军的张宗昌结成奉鲁联军，战场上的形势才稍有起色，曾一度占领昌平、沙河，但是吴佩孚的部队在门头沟一线止步不前，不能形成合围，使联合进攻南口的计划迟迟不能实施。7月19日，张作霖毅然甩开吴佩孚，进攻南口的主力改由奉鲁联军担任。

7月24日，国民军与奉鲁联军展开了一整天的猛烈炮战，正式揭开了南口激战的序幕。7月31日，张学良、张宗昌、韩麟春等高级将领亲赴前线督战，下榻在国民军昌平县党部（今为北京市昌平区人民检察院新址）。每天上午，张学良在张宗昌、韩麟春及其参谋、卫队的陪同下，全副戎装地骑着战马，穿过通福桥胡同，出昌平城东门，绕到北城外，登上龙山的制高点，用望远镜向西观察南口方向国民军的阵地情况。不知国民军怎么摸到了张学良的行动规律，一天上午，张学良一行刚刚来到龙山的制高点上，就从南口方向飞来两枚炮弹，一枚炮弹落在张学良身后10米左右的地方，但没有爆炸；另一枚炮弹炸响在北大坑（今为昌平交通局车队）中。在这场虚惊之后，在韩麟春等人的坚持下，未让张学良再出昌平城。

8月1日清晨，奉鲁联军排列在十三陵石像生至奤夿屯数里长的弧形阵地上，各式火炮一齐向南口发射，炮弹似雨点般地倾泻在国民军的阵地上。国民军驻南口前敌总指挥是冯玉祥的骁将刘汝明，他平素为人沉默寡言，不善交际，但对部下极其爱护，作战异常勇敢坚毅。在敌人大炮如雨的猛烈进攻面前，他的指挥部被打塌了数处，他仍然在墙隅拿着电话从容指挥作战，顽强抵抗奉鲁联军潮水般的进攻。8月13日下午，国民军为了保存实力，决定向绥远方向战略退却，刘汝明才奉命撤离南口阵地。奉鲁联军慑于国民军的威名，未见国民军炮兵还击，仍旧向空无一人的南口前沿阵地开炮轰击，直到当地村民前来报告，奉鲁联军才停止了炮击。

8月14日，奉军第10军军长于珍率领所部以胜利者的姿态开进南口。

1928年7月，"北伐战争"胜利后，原国民军总司令冯玉祥亲临旧战场，召开隆重的追悼大会，悼念阵亡将士。会场设在龙虎台，事先搭起了高大的席棚，设立了灵堂。祭棚正中摆放着冯玉祥敬献的挽联：不共国贼戴天，四月战边关，视死如归，数万健儿余白骨；终教元凶授首，两年收燕蓟，招魂何处，一腔血泪祭黄沙。出席追悼大会的有蒋介石、阎锡山、李宗仁、白崇禧等军界要员。会后，在南口火车站东建立了一座国民军阵亡将士纪念塔，"文化大革命"初期被拆除。

南口战役 1937年7月下旬，日本侵略军占领平、津后，于31日向平绥线推进，在昌平集结重兵，准备进攻南口，进而夺取战略物资——山西的煤炭和平绥铁路沿线城市。8月1日，蒋介石任命绥远省政府主席傅作义为第七集团军总司令，察哈尔省政府主席刘汝明为副司令，第13军军长汤恩伯为前敌总指挥，在南口至张家口部署防线，迎击日本侵略军。

日军南口战役投入的兵力为7万余人，主力部队为板垣师团、铃木旅团、山下旅团和酒井旅团，配有各种火炮300门以上，另有航空队、战车队、化学部队协同作战。中国参战部队6万余人，第89师王仲廉部配置在南口、德胜口地区，第4师王万龄部配置于横岭城为总预备队。归其指挥的还有第94师朱怀冰部、第72师陈长捷部、独立7旅马延守部、第17军高桂滋部辖第84师（高桂滋兼师长）和第21师李仙洲部及炮27团张映启部。8月4日，第13军先头部队布防在以南口为中心，东起德胜口、苏林口，西至镇边城、横岭长达45公里的战线上。八达岭、居庸关、南口及南口以东阵地守军

王仲廉将军

为第13军89师，南口以西阵地的守军为第13军4师，陆续进入纵深防御阵地参战的部队还有河北民军朱怀冰师，第17军21师、84师，第35军72师等。

8月1日，南口正面第一线部队529团，在罗芳珪团长的带领下，从大同乘火车出发，冒着日军飞机的狂轰滥炸，时行时停，于8月2日赶到南口前沿阵地。下车伊始，就抓紧时间构筑龙虎台、南口火车站、南口村的防御工事。日军空军自8月1日起开始，每天沿平绥线自南口火车站向北实施例行轰炸，重点破坏铁路和军事设施。中国军队的防御工事往往白天被日军飞机炸毁，夜间重新抢修。南口及附近村庄也出动大批民工，帮助军队构筑工事，许多人把自家门板、窗户拆下来，送给部队使用。

8月4日上午，日军步、骑混合部队1000余人在空军的掩护下，开始进攻龙虎台，中国守军奋起反击，揭开了南口保卫战

的序幕。5日、6日,日军步兵配合战车全面进攻,在其优势炮火轰击和空军整天不停地轰炸下,双方伤亡惨重。7日,日军强攻不下,最后竟使用毒瓦斯,使台上守军一个加强排全部牺牲;日军乘机抢占龙虎台。8日,中国军队夜间突袭,抢回龙虎台。此后,日军靠强大炮火支持,白天攻占一些高地;中国军队利用夜幕掩护,派出机动部队,连夜夺回高地。9日,日军2万多人进攻南口。中国守军顽强抵抗,屡挫日军攻势。10日、11日,日军续增6000多人、炮60多门、坦克30多辆对南口、德胜口猛攻。中国守军全力反击,在龙虎台前沿阵地与日军肉搏十多次,将日军击退。一次,日军30余辆坦克冲入守军529团3营7连阵地,连长隆桂铨带领士兵跳出工事,每人手握手榴弹,跳上日

日军向南口行进

军坦克，掀开顶盖，将手榴弹投了进去，同时用手枪往里打，以血肉之躯与钢铁机器搏斗。6辆坦克驾驶员被打死，其余坦克吓得掉头逃跑。隆连长一鼓作气，带领战士们收回了龙虎台阵地。日军恼羞成怒，调集更多的部队，大举反扑。中国守军只有一个连，在龙虎台与南口之间进进退退。龙虎台阵地失而复得，得而复失，连续达6次之多，持续了5个小时之久。隆连长英勇牺牲，7连战士生还者无几。在这一天的战斗中，中国守军伤亡300多人，日军死伤600多人。12日拂晓，日军续增步兵5000多人、炮60门、坦克30辆，以30架飞机掩护分路向南口、虎峪村、德胜口、苏林口一带阵地进攻，中国守军据险坚守，南口阵地6次失而复得。守军罗芳珪团反攻中炸毁日军坦克6辆、击毙200多人，中国守军伤亡千人。13日，日军分五路续攻南口，中国守军浴血苦战。14日，日军以步骑6000多人、炮100多门、飞机20多架、战车30多辆，对南口正面发动总攻，中国守军阵地被突破。14日，529团的指挥部被日军的炮弹炸塌，罗芳珪身负重伤，还大喊"杀敌"。这时，全团官兵已所剩不多，在主官受伤、无人指挥的情况下，仍各自为战，英勇杀敌。529团经过抢防南

抗日英雄罗芳珪

中国军队在南口山腰布防

口一战成名,被誉为抗日战争初期中国陆军的四大名团之一。当天夜里,中国守军全力围歼占据南口、居庸关间的日军,血战通宵,击毙日军430多人。15日凌晨,迂回到横岭的日军进攻锅顶山、老峪沟、禾子涧村地区中国守军阵地和南口地区850高地,被中国守军第4师10旅击退并击落日机1架。16日,日军秘密转移其主力,企图攻击南口右翼。汤恩伯为封闭横岭、南口间防御空隙,调3个团兵力布防岔道至陈家堡一线,12旅石觉部赴横岭归建第4师,第21师李仙洲部1个团1300人增援怀来、康庄,中国空军出动飞机支持守军。南口、龙虎台高地往复争夺一周左右之后,汤恩伯见援兵迟迟不到,决心收缩兵力,于16日晚放弃南口、龙虎台正面阵地,退守居庸关南边山地。居庸关的战斗是山地战,日军照例是先轰炸,再冲锋。中国军队凭险固守,苦战数日，尽管官兵伤亡惨重，但阵地仍屹然不动。日军遂减缓正面阵地作战，出动板垣师团的精锐部队，猛插中国西翼守军第4师、第89师的结合部。17日，日军集中步炮援军约5000人，企图切断南口、横岭间长城一线。当天晚上，日军2000余人乘中国守军换防失误造成的缝隙，利用夜色掩护，由苏林口潜入中国守军腹地，突袭青龙桥西南8公里的羊圈子，企图从背后偷袭居庸关。此时此刻，居庸关之战成了关系到整个战役胜败的一场关键战斗。汤恩伯下了死命令，并悬赏万元激励将士。经过4个小时的夜战，中国军队付出了伤亡800余人的代价，击毙日军631人，暂时保住了居庸关。19日，日军攻克钓明湖；中国守军第4师、第21师、第89师密切协作、分区围歼，攻破占领羊圈子地区日军，击毙日军第38联队川口中佐以下官兵250多人。日军第12联队驰

汤恩伯（左二）等人视察居庸关阵地

傅作义将军

援,被中国守军击溃,日军向850高地发射毒瓦斯炮弹,中国守军官兵伤亡1240人,日军死伤2000多人。8月20日10时,第7集团军总司令傅作义抵怀来主持召开军事会议,阵地部署做适当调整,待机反攻。日军全部集结昌平县城,准备再次发动进攻。21日拂晓,日军13000多人、炮50多门分路向中国守军阵地横岭、黄泥洼和850高地发动总攻,出动15架飞机进行轰炸,突破了横岭、镇边城防线,直接威胁着设在怀来县城的中国守军第13军司令部。经1日激战,日军一部被歼于阵地前。日军第15联队增援进攻,中国守军12旅4团、23团和陈长捷第72师415团增援投入战斗。第89师坚守居庸关,21日晚起激战五昼夜,伤亡团营长以下官兵约2500人,日军被歼3000多人。南口战役开战不久,日军组成关东军察哈尔派遣兵团,进攻张家口,牵制中国军队,配合板垣师团的正面作战,对中国守军形成合围之势。当张家口西侧郭磊庄车站被日军截断后,南口中国守军失去后方支持,改为据点守备。24日,日军板垣第5师团进攻居庸关、德胜口,中国守军浴血坚守。在战役的危急关头,连降大雨,山洪暴发,洋河涨水,增援部队不能按时到达;日军依靠武器精良,弹药充足,向中国军队频频发动猛攻。25日,日军飞机对怀来、居庸关、横岭地区轮番轰炸,步骑炮兵进攻;中国守军各防御要点孤立无援,陷于弹尽粮绝的困境，遂主动放弃居庸关，退守八达岭、康庄。26日凌晨1时，汤恩伯奉命率南口战役参战部队向桑干河右岸突围，各部按突击路线、集结地域，自行部署行动。同日夜，刘汝明部撤离张家口，向洋河右岸撤退。南口战役遂以中国军队的失利告终。

在南口战役中，中国军队由于受到派系的影响，彼此深怀戒心，未能同心协力，共赴国难，是败因之一。其次，装备落后。第35军72师师长陈长捷自山西驰援而来，而汤恩伯提供给他的竟是清朝光绪年间的地图，地图与地形严重不符，部队费尽九牛二虎之力占领地图标志的制高点，往往发现还有更高的山头，坐失作战良机。面对装备精良的日本侵略军，中国军队发扬了勇敢顽强、不怕牺牲的爱国主义精神，利用地形、夜幕的掩护，巧妙地与敌周旋，奋勇抗争。在诸方面条件均处下风的情况下，不惜抛头洒血，在血雨腥风的22天中，10698名英勇将士流血负伤，5945名热血男儿为国捐躯，谱写了一曲捍卫中华民族尊严的正气之歌。

在南口战役中，529团全体官兵在团长罗芳珪身负重伤，全团官兵阵亡三分之二的关键时刻，用血肉之躯筑起一道新的长城，确保南口阵地15天不丢失，震慑了敌人，振奋了民族精神。529团及罗芳珪团长抢防南口的英雄事迹随着记者们的一篇篇战地通讯传遍了全中国、全世界。罗芳珪率领的529团与血战卢沟桥的吉星文团、奇袭阳明堡飞机场的陈锡联团、守卫上海四行仓库的谢晋元团一同赢得了抗战初期英勇杀敌的四大名团的美誉。南口战役之后，罗芳珪率领529团的官兵一边补充兵员，一边随军转战，所向皆捷。1938年春，在著名的台儿庄战役中，罗芳珪率部增援池烽城，血战三昼夜，连克敌人三处阵地。4月6日下午5时，罗芳珪与副团长李有于在前沿阵地观察敌情时，不幸被日军炮火击中，壮烈殉国，时年31岁。

罗芳珪为国捐躯后，国民党军政要员60多人为他送了挽联、挽词。蒋介石的挽联是："善战久知名，何冀妖氛摧猛士；临危能受命，好将浩气振军魂。"中国共产党领导人也对罗芳珪表示了深切的哀悼和崇高的敬意，周恩来的挽联是："为国家合作抗日，南口防守决死战，声震中外；作民族复兴英雄，台庄大捷成壮烈，独有千秋。"

为了表彰罗芳珪的抗日功绩，国民政府授予罗芳珪二等一级勋章一枚，追赠他为陆军少将，入祀南岳忠烈祠。1988年5月18日，中华人民共和国民政部追认罗芳珪为革命烈士。

昌宛怀县大队夜袭南口 1943年秋天，南口西部地区的土匪姚万臣带着手下的几十个人投靠了驻南口的日军，当起了皇协军。这伙人恶习不改，继续为非作歹，给日军充当帮凶。当地百姓对他们恨之入骨，纷纷要求抗日政府除掉姚万臣。昌宛怀县县大队第二中队中队长谷万刚是当年夏天从姚万臣的土匪队中起义后参加革命的，经过党的培养、教育，迅速成长为一名合格的军事指挥员。他凭借着对姚万臣和南口地区的了解，主动向上级领导请战：夜袭南口，消灭姚万臣。上级领导决定派他和徐立恒带领县大队的两个中队共100余人执行任务。为使谷万刚坚定胜利信心，减少后顾之忧，县领导在战前做了两件事：一是把谷万刚的家眷从泥洼村接到根据地，以免遭到敌人迫害；二是印发传单向南口开展政治攻势，使敌人终日战战兢兢，惶恐不安。这次战斗是谷万刚起义后指挥的第一仗，虽然他对南口镇的地形和敌人的兵力配备了如指掌，但丝毫没有大意，战前作了缜密的部署，以保证战斗胜利。

1943年11月的一天黄昏，县大队的战士们在谷万刚、徐立恒的带领下，从黄场出发，经王家园，直奔南口镇。临近深夜，他们从铁路工厂后边的高墙下摸进南口，悄悄潜入火车站附近，直扑姚万臣的住宅。就在战士们登上院墙的一刹那，只见一条黑影急促地越墙而出，徐立恒举枪就打，可惜，还是让黑影跑掉了。事后才知道，跳墙逃跑的人正是姚万臣。这天夜里他去厕所，听见墙外边有动静，知道情况不好，吓得他慌忙越墙而逃。战士们冲进院子里，以为姚万臣还在屋里睡觉，便向屋里扔了手榴弹，炸伤了姚万臣的小老婆。在姚万臣的住处，缴获10多支步枪。随后，战士们又直奔南口大庙（今南口镇小学处）伪军据点，同敌人展开激战，当场击毙汉奸张翻译官。天亮前，解放了据点里的伪军，又缴获了20多支步枪。战士们带上战利品，撤出南口，返回西山根据地。

这一夜的战斗，驻南口的日军以为是八路军的主力部队来了，吓得不敢轻举妄动，一枪也没敢放。

县大队夜袭南口镇这一仗，虽然没能除掉姚万臣这个汉奸、匪首，但是狠狠地教训了他，震慑了其他顽伪势力。经过这次战斗的洗礼，谷万刚和他的战友们经受了锻炼，更加坚定了革命信念。

马刨泉战斗 1946年9月29日拂晓，国民党政府军4个师，分两个梯队沿平绥路两侧向怀来中共领导的解放区进攻。10月8日在马刨泉村地区，中国人民解放军晋察冀军区第1纵队（司令员杨得志、政委苏振华）第3旅乘其不备，设伏全歼国民党政府军1个团和1个炮兵连。10日午夜，晋察冀军区第4纵队10旅在大村南山地区歼灭国民党政府军第121师1000多人。11日晨，第121师向阳坊、沙河镇溃退，解放军部队乘胜追击。

上店和下店村战斗 1948年5月13日，中国人民解放军华北军区第2兵团所属第3、第4纵队及第2纵队第4旅共7个旅，在司令员杨得志、政治委员罗瑞卿率领下发起冀热察战役。5月16日，第3纵队并第2纵队第4旅在司令员郑维山、政治委员胡耀邦率领下向热西进发，行至县内西峰山、高崖口村地区，与驻守上店、下店村国民党政府军第92军142师展开激战。在昌宛联合县地方武装配合下，毙伤俘国民党政府军2个团3000多人、俘团长1人，人民解放军牺牲46人。

高崖口战斗 1948年11月29日，平津战役开始。根据中央军委部署，华北野战军第3兵团开始包围张家口地区国民党政府军。东北野战军（简称东野）先遣部队4纵、11纵向南口、怀来前进，切断平绥铁路沿线。12月4日，国民党政府军傅作义令驻昌平的第104军259师西调怀来、驻涿县第16军移至南口、昌平县城间。国民党政府军4个军16个师被吸引到昌平县至张家口一线。12月5日，傅作义部队主力西移。中央军委令东野先遣部队4纵、11纵迅速包围南口、怀来地区之敌，切断怀来、北平国民党政府军联系。昌平、南口地区国民党政府军第104军、第16军先后几次沿平绥路西进接应新保安第35军均失败。10日下午，国民党政府军第104军从怀来城往南沿丰沙线向北平撤退。中国人民解放军东野4纵11师、10师从怀来、康庄两个方向追击。国民党政府军第104军从镇边城东南经门头沟地区撤回北平，因遭截击而错折向东，进入昌平县西山的高崖口地区。10日傍晚，平北军分区转来冀察热辽军区急电：令解放军独立26团速至西山山口阻击国民党政府军第104军，昌顺联合县大队随独立26团行动。独立26团和昌顺县大队急进至南、北流村时，国民党政府军第104军先头部队已接近西峰山口。独立26团抢先占领西峰山西山梁，枪战10多分钟后，将国民党政府军第104军先头部队骑兵打退。独立26团2营、3营和昌顺县大队重新部署，卡住西峰山山口处。10日晚和11日白天，国民党政府军第104军多次向26团阵地发动轮番进攻，被26团官兵白刃拼杀击退。11日晚，东野4纵、11纵尾追进攻，将国民党政府军第104军歼灭在南口西部的高崖口地区。此战歼灭国民党政府军第104军军部、2个师，共毙、俘1万多人。其中独立26团和昌顺县大队俘虏2000多人，缴获电台3部、82迫击炮8门、60迫击炮50多门、重机枪5挺、轻机枪37挺、步枪1500多支、战马100多匹和弹药等军用物资。

名胜古迹

南口地区山川秀美,文物荟萃,古迹众多。有国家级文物1处,北京市级文物2处,昌平区级文物12处。既有记录人类社会发展过程的雪山文化遗址,也有享誉京师800余年、名列"燕京八景"的自然景观"居庸叠翠",还有雄伟壮观的居庸关城、精美绝伦的云台石刻等人文景观。

文物古迹

雪山文化遗址

　　雪山文化遗址位于昌平县南口镇雪山村,遗址发现于1958年,以发掘村命名。1962年北京大学历史系考古专业四年级学

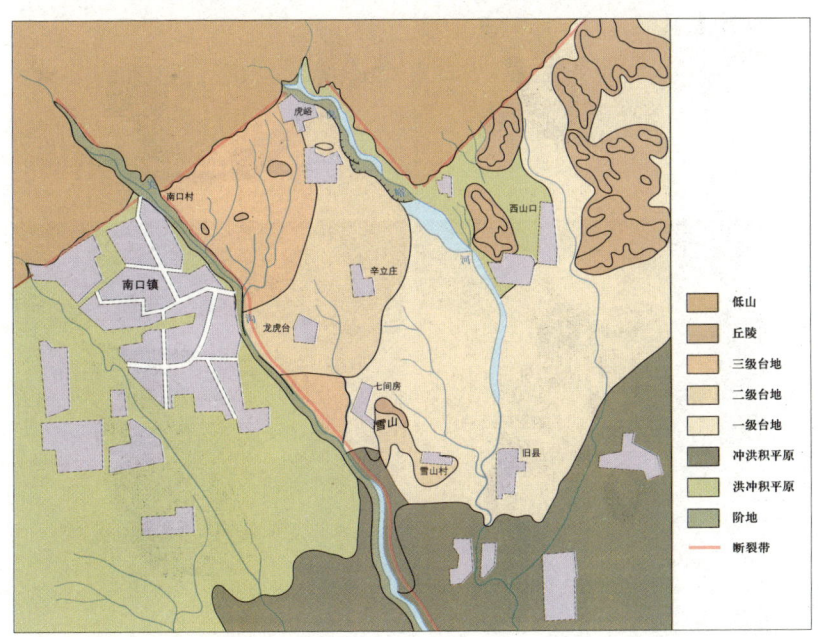

雪山遗址周边地貌图

生在此进行考古发掘,出土了大量的文物,由于"文化大革命",出土器物与资料被毁。1981年对该遗址进行调查发掘,又出土了众多的陶器、石器等生产生活用具。经研究,雪山文化分为三期,第一、第二期雪山文化相当于中原的仰韶文化和龙山文化时期,其社会性质为原始社会阶段,即相当于母系氏族社会转向父系氏族社会的时期。雪山文化第三期属于夏家店下层文化,与中原地区商代的遗物为同类型。雪山一期文化距今有

雪山文化遗址出土文物

5000多年，雪山遗址的发现填补了北京社会发展的一段空白，也是目前在昌平地区发现的最早的文化遗址，证明在5000多年前昌平地区就有人类集居的活动。从出土器物看，此时的人类就已进入文明时代。1995年，雪山文化遗址被列为北京市市级文物保护单位。

居庸关

居庸关，是京北长城沿线上的著名古关城，国家级文物保护单位，位于关沟峡谷的中间，地形险要，是长城重要的关隘。

关城所在的峡谷，属于太行山脉的西山支脉与燕山山脉的军都山支脉的天然分界线，地形极为险要。早在春秋战国时代，燕国就扼控此口，时称"居庸塞"。汉朝时，居庸关城已颇具规模。南北朝时，关城建筑又与长城连在一起。此后唐、辽、金、元数朝，居庸峡谷都有关城之设。

居庸关全景

现存关城，始建于明洪武元年（1368年），系大将军徐达、副将军常遇春规划创建，明景泰初年及其后又屡经缮治。城垣东达翠屏山脊，西跨金柜山巅，周长4000余米，南北月城及城楼、敌楼等配套设施齐备。关城内外还有衙署、庙宇、儒学等各种相关建筑设施。

清末以后，居庸关关城建筑逐渐荒废，但雄伟的关城及众多的历史遗迹，为人们了解中国古代军事文化敞开了一个窗口。1992年，昌平县十三陵特区办事处为保护文物，对关城建筑进行了全面修复，再现其昔日的雄姿，并于1998年3月28日向社会开放。

关城附近自然景观十分壮美，早在金明昌年间（1190—1196年），"居庸叠翠"之名即已列入"燕山八景"。1982年，居庸关又以其重要的人文和自然景观价值，划入八达岭——十三陵风景名胜保护区，成为其中重要的景点。

居庸关是万里长城最负盛名的雄关之一，其地绝险，自古即为北京西北的屏障。居庸关建在一条崇山夹峙、长约20公里的沟谷之中，这条沟谷就是京畿著名的"关沟"。

居庸关城两侧皆高山耸立，峭壁陡不可攀，关城雄踞其中，扼控着南下北京的通道。这种绝险的地势，决定了它在军事上的重要性，古代军事家称其为"控扼南北之古今巨防"。唐代边塞诗人高适，在描述居庸关路险关雄时写道："绝坂冰连下，群峰雪共高。"

居庸之名，据元代人记载是秦始皇修长城时，"徙居庸徒"

居庸关南门瓮城

于此而得名。庸就是雇佣劳动者。其实，居庸之名早于秦始皇统一全国之前就有了。成书于战国时期的《吕氏春秋》中就有"天下九塞，居庸其一"的记载。在著名的太行八陉中，居庸关排列第八，即控扼军都山的军都陉。居庸关在漫长的岁月中，虽始终是兵防重镇，但却屡易其名，三国时称"西关"，北齐时改"纳款关"，唐时又先称"蓟门关"，后改"军都关"。由辽以后，经金、元、明、清至今，称"居庸关"。

朱元璋灭掉元朝建立朱氏政权后，于洪武元年（1368年）便派开国元勋徐达修筑了居庸关城，这是明代修建长城关隘最早的记载。由此可见，居庸关战略地位之重要。

"天下第一雄关"匾

北关瓮城闸门

徐达所建关城很大。古书记载:"跨两山,周一十三里,高四丈二尺。"居庸关城建立后,于此置守御千户所,永乐二年(1404年)又升为卫,统领五个千户所。

居庸关自建关后,历代都有修建,较大的一次是景泰初年。土木之变以后,当时兵部尚书于谦奏明皇上:居庸为京师之门户,宜亟守备,以佥都御使王铉镇守重修居庸关。居庸关尚存的南门门额所嵌"居庸关"石匾上就有"景泰伍年捌月吉日立"的题记。

居庸关,也是万里长城雄关险隘中,经受战火洗礼较多的一座关隘,这里曾发生过几场决定朝廷命运的战事。金天会三年(1125年),金灭辽,就是先打下居庸关,而后挥师南进,直取辽都南京(今北京)的。

金朝后期,蒙古部队曾多次攻陷居庸关。元太祖八年(1213年)七月,元太祖率大军进攻居庸关时,因金兵凭险坚守而久攻不下。最后蒙古兵转攻紫荆关,然后绕经涿、易二州由关里向外攻,两面夹击,才攻陷了居庸关。

明"景泰伍年捌月吉日立"石匾

和林格尔壁画

明末,李自成农民起义军也是首先攻取居庸关,而后进军北京,推翻了腐朽的明王朝。

在历史上,居庸关虽饱经战火,但更多的时候,是一派和平的景象。1971年在内蒙古和林格尔发现的一座东汉墓中,有一幅《使君从繁阳迁度关时》的壁画,生动地描绘了当时居庸关车马往来的繁华情景。这幅珍贵的壁画足以说明,居庸关1800余年前,就已是沟通长城内外的重要门户了。

云台

居庸关云台位于居庸关关城内,是元代大型过街喇嘛塔的基座,也是我国现存最早最大的过街塔实物。

过街塔这种建筑形式出现较晚,元代才陆续开始修建。这是建于街道中或大路上的塔,是我国古塔中一种较特殊的形式,其建筑造型是由藏传佛教思想与古代建筑中城关式建筑相结合而创

云台旧貌

造出来的。因此,也有不少人把这种塔称为"关"。据佛教的有关记载说,建造这样的塔是让过往行人得以顶戴礼佛,塔在上面,佛也就在上面,人从塔下通过,就等于向佛行了顶礼。有皈依佛乘、普受法施的作用。同时也是统治者炫耀权力、彰显功德的手段。元朝文学家耶律柳溪由此经过,见云台雄伟,白塔壮丽,仙宫禅院与蓝天彩云、苍山碧树、飞瀑清泉融为一体,构成一幅优美的自然画卷,激情难抑,赋诗赞美。

南口永明寺过街塔

[元]耶律柳溪

驱车莘确上居庸,古涧流泉拂晓风。

古道朱扉司管钥,过街白塔耸窿穹。

碑镌赑屃朝京阙,仙与弥陀峙梵宫。

巡幸百年冠盖盛,六龙行处五云从。

居庸关的过街塔，始建于元至正二年（1342年）。元朝人熊梦祥的《析津志》记载："至正二年，今上始命大丞相阿鲁图、左丞相别儿怯不花创建过街塔。"在汉文《造塔功德记》的末尾，有"至正五年岁次乙酉九月吉日，西蜀成都宝积寺僧德成书"的题记。由此可知,这座过街塔共修了4年，建成于至正五年（1345年）。居庸关过街塔是三座建立在高台上的白色覆钵式塔,称为"过街三塔"，三塔原为其北永明寺（亦毁）的一部分，建筑学家林徽因考证后认为居庸关过街三塔的制式应当与法海寺塔相类似。元代的著名文学家欧阳玄所著的《过街塔铭》，也专门记录了建造这座跨道"为西域浮屠，下通行人"的过街塔的情况。台上的三座石塔元末明初毁于地震。明朝正统年间，由于原有三塔已圮毁，便在残存的塔座西侧铺设石阶。而后，在台面上建了一座名为"泰安寺"的佛祠。内设造像三尊。分别为毗庐舍那佛、文殊

云台新姿

云台门楣，中为大鹏金翅鸟，两旁为华云龙子

东方持国天王

南方增长天王

西方广目天王

菩萨、普贤菩萨。建毕，自远处观之，石台色白如云托垫于下，佛阁在上，庄重华丽，犹如云端的空中楼阁。因此，时人将整座建筑称为"石阁云台"。"石阁"即指佛祠为石上之阁。塔座则被称为"云台"，即白云之台。清康熙四十一年（1702年）五月，佛祠失火烧毁，仅存空台塔基。仿佛更像是一座城台，其"云台"之名亦沿用至今。

居庸关云台为青白色汉白玉石料砌成，呈梯形。高9.5米，下基东西长28.59米，南北深15.76米。台顶东西长26.3米，南北深13.4米。台顶四周安设石栏板和望柱以及排水龙头。台下正中开一南北向券门，门高7.27米，宽6.32米，可供通行。券顶的形式为半六边形，像"八"字的形状，还保存了唐、宋以来城关门洞的形式。这种门洞的形式，在宋、元以后，已被弧形拱券所代替了。

云台券门两端券面上和门洞

内，布满了精美的浮雕，云台石刻堪称一绝。券门内两侧石壁及顶部遍刻佛像，佛像造型生动，雕刻技艺高超，六种文字的石刻经文、咒语为历史研究提供了难能可贵的资料。据专家考证，石刻造像具有典型的藏传佛教萨迦教派的特征。进入券门，东西两壁雕刻着四幅天王像，每幅均高3米，宽4米。分别雕刻东方持国天王提多罗咤、南方增长天王毗流驮迦、西方广目天王毗留博叉、北方多闻天王毗沙门。天王像均为坐姿，体态高大威严，怒目圆睁，头戴法冠，身披铠甲，足踏战靴，手执法器，左右有厉鬼神将协侍，脚下镇压着妖魔，是护持佛法，镇守国家四方的尊神。据说明朝正德年间，武宗皇帝朱厚照微服出游，夜间骑马偷偷混出居庸关时，他的坐骑见到四大天王像，吓得不敢前行。无奈之下武宗下令用烟火把像熏黑了，才得以出关。券门东西两壁四天王像的空间

北方多闻天王

汉文

藏文

维吾尔文

八思巴文　　　梵文　　　　　　　曼荼罗花纹

处，有用梵、藏、八思巴、维吾尔、西夏、汉等六种文字镌刻着陀罗尼经咒以及除梵文外的五种文字书写的造塔功德记。西夏文是记录我国古代党项族语言的文字，创制于1036年至1038年间，当时有6000多字流行。八思巴文是元世祖忽必烈命其帝师八思巴创立的蒙古新字。它脱胎于藏文，采用拼音的方式书写，并于1269年颁诏推行，是元朝使用的官方文字。以上两种文字流传时间不长便被废弃，而保存下来的石刻文字对破译古代文字，以及研究西夏、蒙古历史提供了非常珍贵的实物资料。

西夏文

券门顶部刻有五个曼荼罗，即五组圆形图案式佛像，佛教界称其为坛场。坛场的设立有保护众佛修炼，防止魔众侵犯的意思。五个曼荼罗的主尊佛像，由北往南依次为：释迦牟尼佛（如来佛）、阿弥陀佛（菩萨形）、阿佛（菩萨形）、金刚手菩萨、普明菩萨。其中除释迦牟尼为佛祖之外，其他四菩萨在此显现，则有四方教主的意思。五个曼荼罗连同其他佛像，共 197 尊。券顶两侧的斜面上，刻有十方佛。十方佛皆为坐姿，身穿袈裟，偏袒右肩，双目微闭，端庄慈祥。在每方佛的周围还分别刻有小佛 102 座，共计小佛 1020 座，取共千佛之意。这些小佛，是明朝正统年间，修建泰安寺（1443—1449 年）时，由镇守永宁（今延庆县境）的太监谷春主持补刻的。连同十方佛下的菩萨、比丘，券顶两侧部共有刻像 1060 尊。

券门的南北券面上，雕刻着造型独特、别具一格的一组造像，其中有大鹏、鲸鱼、龙子、童男、兽王、象王等，佛界称其为"六

明代补刻的小佛像

明代雕刻的时间落款

浮雕金刚杵

十方佛之一

石刻宝相花

天王身边的侍从神将

天王脚下的魔鬼

童男骑兽王

拿具"。大鹏也称大鹏金翅鸟王，名迦楼罗，位列天龙八部，是为佛祖护顶的神鸟。传说中，它两翅展开，有360万里，以吃龙蛇为生。它双目硕大，嘴为鸟喙，上身似人，下身似鸟，背后生有巨翅，寓意慈悲。鲸鱼在佛教为保护之相。龙子原为八首神蛇，在佛前听法，形成童子模样，背后仍有7个蛇头，身后拖有长长的蛇尾，表示救护之意。童男手中持有荷花荷叶，骑在口吐珠宝的兽王身上，自然是寓意福资在天。而象王则有温驯善师的含意。券面最下端的石刻纹饰为交杵，又称羯魔杵、金刚杵。原本为古印度的一种兵器，在此为断烦恼、伏恶魔，护持佛法的法器。

鉴于云台刻石造像的历史与文物价值，1961年，经国务院批准，云台刻石造像被列为第一批全国重点保护文物。

和平寺

敕赐和平寺位于花塔村北龙凤山南麓的台地上。始建于唐代，因寺西塔林中有一座砖砌的花塔，故又名花塔寺。

1948年，和平寺尚有两进院落，7座大殿，近百间僧房，50余名僧众，建筑面积约7000平方米。寺内原来分为东、西两路，各有相对独立的建筑格局。1949年，村里利用东路庙院建起了小学，院内建筑得以保留下来；西路庙院内的建筑因自然损坏及人为拆挪砖木，殿宇早已荡然无存。20世纪90年代初，花塔村集资40余万元，修复了天王殿、佛祖殿、弥勒殿、观音殿等6座殿宇，使千年古刹重现辉煌。寺内正中石台上三座大殿一

和平寺山门

字排开：中为佛祖殿，内奉如来佛，两厢为十八罗汉，西窗内还有一位倒座佛像，号称十九罗汉。东侧为观音殿，内奉观世音菩萨。西侧为弥勒殿，内奉弥勒佛。韦驮殿与观音殿相对，西配殿为龙王殿。寺内古树参天，有国家一级保护古树名木银杏树2株、白皮松1株、柏树2株，二级保护古树名木柏树7株、国槐1株。

在和平寺西路寺院的后面，原有一座塔林，6座不同年代的砖塔错落有致地排列其间，其中一座高约40米的花塔格外引人注目。塔是佛塔的简称，又称宝塔，梵文和巴利文分别音译为"窣堵波""塔婆"，也有译为"浮图"或"浮屠"的。佛塔的平面一般以方形、八角形状较为多见，塔层通常为单数。塔由塔基、塔身、塔刹三部分构成，有的塔在基座地面以下还建有地宫。花塔与众不同之处在于塔身的上半部分装饰着莲花瓣或密布着佛龛、佛菩

和平寺的第十九罗汉

萨、天王力士或动物、植物、飞禽等图像。这座花塔因年久失修,毁于民国时期。

和平寺后面有一条崎岖的小径,通往龙凤山顶的望京亭。站在望京亭上,四周景色尽收眼底,天气晴朗时可以看到百里外的北京城。

据花塔村中老人讲:清廷成恭郡王爱新觉罗·载锐曾出资修缮和平寺。据民国《河北通志稿》的《地理志·古迹》记载:经清宗室爱新觉罗·载洵贝勒调查,

和平寺的天王殿

确认成哲亲王永瑆墓在花（华）塔村（今属兴隆口村）。载锐是永瑆的曾孙，每年春、秋祭扫先茔时，起初在和平寺借住，后来将庙西的数间僧房改建成别墅，以备祭祖时小住。和平寺北山中有一眼山泉，清冽甘甜，因水流量太小，不能流到寺中供世人享用。载锐遂出资修筑一条渡槽，从泉眼直达庙后，又在寺院墙顶建一处水槽，将水引入寺中，寺内再修一条小渠，泉水穿过寺院，流进村中，世人皆称赞载锐的善举。

昔日，和平寺中即有诵经的文僧，也有练功的武僧。每年浴佛节，武僧们演练的少林护山刀，令远近百姓大开眼界，啧啧称奇。清光绪二十六年（1900年）"庚子之变"时，成郡王随慈禧太后、光绪皇帝西行，成郡王府的眷属在前往花塔园寝避难的途中，被土匪劫持。和平寺的武僧闻讯，驱散土匪，救回眷属，一

和平寺的如来佛坐像

时传为美谈。1992年8月28日，和平寺成立了武术学校，由河南嵩山少林寺第34代武僧释延彪在此执教。当时限于食宿条件，只招收了50名学员。

1992年5月1日，和平寺作为旅游景点对外开放。1993年被北京市人民政府列为市级文物保护单位。2002年，区文物部门又申请市、区专项抢修资金，对其天王殿、一个配殿、两个配房进行了修缮。

虎峪古城

虎峪城遗址位于南口镇虎峪村，据考该城建于战国时期，城为夯土城，坐北朝南，北依大虎峪山，历史作用尚待考察，今仅存东墙残垣一段，长8米，高2.5米，基厚约3米。1980年，虎峪古城被列为昌平县级文物保护单位。

佛岩寺

佛岩寺位于南口镇羊台子村湾子自然村西0.5公里处，金时在此建寺庙。佛岩寺由上寺和下寺组成。下寺建在北侧山麓上，上寺建在下寺以西0.5公里半山腰的一个南北长15米，东、西宽10米的小平台上。建筑年代上寺早于下寺；建筑规模下寺大于上寺。两寺均毁于清朝末年。两寺的建筑材料散落于当地农家或为平整土地砌了坝阶，现仅存遗址。石碑刻存于湾子村。上寺的

佛岩寺旁的奇观：三槐抱一柏

石壁上原有镶嵌的石匾数块，现脱落无存。现存有金代泰和四年（1204年）二月十七日及明宣德四年（1429年）二月十七日游僧及善男信女到这里参拜为内容的摩崖石刻。2003年，昌平区文物管理所将散落在湾子村内的文物石刻运回昌平区博物馆保管。

潘家营辽金关卡

潘家营辽金关卡位于南口镇虎峪村北虎峪自然风景区内，距虎峪村聚落3公里的潘家营。该遗址处于虎峪河边、潘家营西侧一台地上，南北长约150米，东西宽30米。目前，地表荆棘杂草丛生，地面残存辽代和不同时期的砖瓦。正对河谷西侧，坐西朝东，有一长约8米，高约5米的残砌石墙，20世纪80年代，虎峪村村民在此劳动时，发现金代大定年间（1161—1189年）铜钱两枚、箭镞一枚、束株一个（存于村民家中），并发现大量瓷片。据村中老人讲，以前在潘家营遗址南侧曾有券门，后由于自然因素被毁。潘家营辽金关卡遗址距虎峪战国古城仅约3公里，距历代重兵把守的重要关隘居庸关仅一山之隔，从战略意义上讲，应有重兵守卫，但应比居庸、白羊等关口次之，为驻兵关卡。清入主中原后，该关卡失去防守意义，由此荒废。

南口城

南口城位于南口村，燕山山脉的军都山脉与太行山脉的西山山脉连接处，20公里关沟峡谷的南端。南口处两山夹峙，有流水，地势险要。北魏时称"下口"，北齐称为"夏口"。《北齐书》载"宣

南口城南门的基石

帝天保六年（555年）筑长城，自幽州北夏口至恒州（今山西大同），九百余里，即此。明朝永乐二年（1404年）修筑南口城，城为不规则长圆形，跨东西两山，南北开城门两个，东侧山下各设水门两座。南门南面城楼上悬挂着一块木匾，上书"供奉京陵"四个大字。1926年8月，国民军与奉鲁联军激战时，城楼被奉鲁联军的炮火炸塌，木匾被放入娘娘庙中，今已无人知其下落。整座城除南北城门和楼台用砖外，其他墙体均为虎皮墙。关沟自古就是重要的交通要塞，历代兵家必争之地，关城多次修缮，也多次遭毁。常年兵灾，对关城的修缮也是长年不断，大部分城墙已经不存，残存的城墙遗留着明显的修补痕迹。京张铁路、京张公路均穿城而过，施工中也拆掉了部分城墙。目前只有南城门和南城墙较为完整，城墙高5米，上宽3.5米，下宽5米，东西长约300米。1980年被列为县级文物保护单位。

现在，人们从南口城南门走过，都觉得南口城并不像前人笔下描写的那么宏伟壮观。笔者此前也有同感。南口城是怎么"变"矮的呢？据当地老住户讲：南口城南门的墙基原为4块50厘米高的方石垒在一起，后来修路把路基逐渐垫高，如今只剩一块基石了，还能不矮吗？

上关城

上关城位于居庸关城北4公里处，明朝永乐二年（1404年）在旧城址上重修而成。宣德三年（1428年）八月再次重修，是关沟内一道重要防线。城跨东西两山,设两座城门,跨水处设水门。修京张铁路及京张公路时穿城而过,并将其城门和东城墙拆除,现存西山坡上城墙。

昔日,大雪过后,群山皑皑,银装素裹,城楼墙堞,更显宏伟壮观。古人有诗为证:

上关积雪

[明]赵羾

大雪满边城,睥睨疑玉垒。

云间翠叠迷,天外云屏倚。

寒生击柝楼,冰立悬崖水。

马滑阻遐晞,恐遇韩湘子。

南口宝林寺

南口宝林寺位于南口镇兴隆街中段路西,俗称南口大庙。建于民国时期,占地面积约900平方米,坐西朝东,共三进院落,四合院布局。现有山门、前殿、中殿、后殿。中殿及后殿均有南北配殿,绿琉璃筒瓦调大脊硬山顶,保存完好。现南口镇小学将其作为教室使用。

南口清真寺

南口镇清真寺位于南口村中,占地面积约900平方米,坐

南口清真寺

西朝东。原为四合院布局,现存正殿和北配房,鹅卵石台基,垂带台阶四步,五抹斜方格隔扇门窗,灰筒瓦硬山卷棚顶,殿前有由光绪年间重修清真寺时麻兆庆撰文残碑一块。属南口地区较早的清真寺。2005年4月22日至8月22日,昌平区文物管理所申请区财政资金对其正殿和北配房进行了修缮。

麻兆庆撰写的南口清真寺碑

詹天佑故居

詹天佑故居位于南口镇新兴路社区中官房公安大院内,系1907年4月至1909年10月建造京张铁路期间的工程指挥部兼卧室。院落坐北朝南,院门位于南墙的东南角,院内五级台阶上建有北房六间,每间约为20平方米,皆是青砖为墙,小灰瓦覆顶,前廊后厦,十分宽敞。房前有约200平方米的庭院,植有槐树一株,树龄近百年。詹天佑离开南口后,房屋始终为铁路系统所占用:中华人民共和国成立前是京(平)绥铁路局工程段;中华人民共和国成立初期为平津铁路局公安段,故称公安大院;后为南口铁路小学分校;20世纪80年代为南口机车车辆机械工厂职工残疾子女福利工厂(今称北京瑞尔机械制造有限责任公司)。

詹天佑故居

马国柱墓碑

马国柱墓位于南口村水泉沟山坡上。马国柱,辽阳人,汉族,后金崇德三年(1638年)授理事官,汉军正白旗;顺治元年

（1644年）授左佥都御史，同年七月任右副都御史巡抚山西；顺治二年（1645年）十月兼兵部侍郎；四年（1647年）七月，加兵部尚书；七年（1650年）加太子少保；十一年（1654年）二月加太子太保。康熙三年（1664年）二月卒，同年葬此。马国柱墓清朝末年、民国初年两次被盗，现已为平地，仅存龙首、龟趺墓碑。墓碑为汉白玉石质，立于清康熙四年（1665年），碑文用满汉两种文字，至今保存完好。

孙公墓

孙公墓位于居庸关村所辖的东园自然村。墓主孙玺，明弘治至正德年间任居庸关守关将领，隆庆卫指挥同知孙衡之子。弘治十八年（1505年），任居庸关把总指挥；正德六年（1511年），任居庸关都指挥佥事；正德九年（1514年）至十五年（1520年），任居庸关分守都指挥；先后担任居庸关守将达16年之久。正德十二年（1517年）八月，武宗皇帝欲出居庸关去宣府游玩，孙玺按御史张钦谋划，初则紧锁关门，藏起钥匙；继而托词"御史在，臣不敢擅离"，避见圣驾；倾尽其力不让皇帝出关涉险，其忠君爱国之心可昭日月。孙玺死后即葬于此。其墓于1905年修京张铁路时迁至铁路东10米处，现墓前有石五供。铁路西30米原墓地处有三间四柱式牌坊一座，南向，坊额题"孙公先茔"四字。

陈庄辽墓

辽墓位于陈庄村西，1986年8月发现，并发掘清理，共出土了数十件陶器和瓷器，典型器物有陶莲花纹八角盘、卷草纹圆盘、缠枝花卉纹方盘、男女陶俑、白瓷盘、白瓷碗等。珍贵的是男女陶俑，出土时位于墓室内龛前，左右各一，童男、童女高0.5米，昂首站立，面目丰满。男俑身穿袄圆领长袍，左肩有一个花头纽扣，腰系带，两手相端，垂于腹前，脚穿尖头靴；女俑，上身内着圆领衫，外套对襟袄，下身着褶裙，腰系带，脚穿圆头鞋。辽墓发掘陶俑在北京还属首次。

无名墓及石像生

北太平庄村北、小虎峪沟口台地上有无名墓及石像生，墓面南背山，南北排列两座坟茔，早年被盗，墓前有方首方趺无字碑一通，碑前有石供桌，墓神路上由南至北排列石像生，分别为石望柱、石马、石狮子、石羊、石仆人各一对，对称排列。墓主无文字可考，同时石像的造型石质与墓室砖石，为不同时期，石像生可能为他坟之物运此装饰，墓主传说很多，因无从可考，都不能为证。

九仙庙壁画

九仙庙位于居庸关村所辖的九仙庙自然村中，只有一间民居

九仙庙壁画

式的正殿,坐北朝南,建于清朝末年。殿内以壁画代为神龛,所供奉的九位神仙是龙王、雷公、电母、风伯、云童、树神、谷神、虫王和药王,都与老百姓的民生有关。这幅壁画作于清末,"文化大革命"初期曾用白灰遮盖,现还可观赏。

詹天佑铜像

詹天佑铜像在青龙桥车站旁。1919年詹天佑逝世后,人们在这里为他树立铜像和纪念碑,纪念他的功绩。

詹天佑铜像

关沟七十二景

数千年来,关沟古道因路窄坡陡、水大石多而被人们视为畏途。于是,一些人在艰难跋涉的同时,放眼观赏路边的水光山色,以缓解旅途的疲劳。日久天长,人们将南起南口城、北至岔道城的自然景观、人文景观归纳为72处,称为"关沟七十二景"。光阴荏苒,日月穿梭,一些旧的景观没落出局,一些新的景点脱颖入围。至今,谁也说不清再版了多少次。百余年来,修建京张铁路和京张公路,使一些景观受到了破坏;数十年来地下水位的持续下降,令一些景观黯然失色。关沟分属延庆、昌平两区(县),两区(县)的学者对"关沟七十二景"的认定不一致。但是,这丝毫不会影响这些历史景观在人们心目中的位置。笔者兹将知见的有关"关沟七十二景"的名称按照自南而北的次序列出,另将《北京市延庆县地名志》中所记载的"关沟七十二景"列出,以供参考(因该书认为"七十二不是准确数,只能说明景点之多",故仅列出70处景点的名字),并将一些知名的景观用文字加以描述。

关沟七十二景名称录(《北京市昌平县地名志》)

1. 二龙戏珠
2. 白塔寺
3. 天马山
4. 月牙石
5. 二人下棋一人看
6. 拴马桩
7. 白马坡
8. 居庸叠翠
9. 皇亭子
10. 石缝山
11. 明山
12. 白凤冢
13. 魁星阁(下)
14. 窟窿山
15. 二龙争路
16. 饮马泉
17. 玉泉碑
18. 泮宫石坊
19. 状元桥
20. 金梁玉柱坊
21. 云台
22. 关城
23. 都阃府
24. 双泉合璧
25. 东屏柏山
26. 金柜山
27. 福山
28. 石人九不知
29. 羞姑姑
30. 暗山
31. 寿山
32. 练武场
33. 陈友谅大寨
34. 帝王树
35. 弥勒院
36. 六郎盔甲洞
37. 仙人枕
38. 阴凉庵
39. 寿星山
40. 大龟石
41. 妖精洞
42. 上关城

43. 金鱼池　　　　　　44. 杨六郎洗脸盆（水盆石）

45. 仙人桥　　　　　　46. 弹琴峡

47. 魁星阁（上）　　　48. 弥勒听音（琴）

49. 弹琴峡古迹碑　　　50. 五郎像

51. 五鬼神祠　　　　　52. 威震燕关碑

53. 关帝阁　　　　　　54. 石佛寺

55. 骆驼石　　　　　　56. 六郎像

57. 磨刀石　　　　　　58. 棺材石

59. 青龙桥　　　　　　60. 金牛洞

61. 天险石　　　　　　62. 青龙倒吸水

63. 望京石　　　　　　64. 居庸外镇

65. 北门锁钥　　　　　66. 八达岭长城

67. 猪拱窝　　　　　　68. 青龙潭

69. 桃山　　　　　　　70. 岔道城

71. 烟墩　　　　　　　72. 古长城

关沟七十二景名称录（《北京市延庆县地名志》）

1. 居庸关　　　　　　2. 都阃府

3. 云台　　　　　　　4. 泮宫石坊

5. 状元桥　　　　　　6. 金梁玉柱坊

7. 玉泉来历碑　　　　8. 青石碑

9. 两座明山　　　　　10. 白凤冢（李凤姐坟）

11. 青龙潭
12. 穆桂英点将台（仙枕石）
13. 佛岩寺
14. 金柜山
15. 北山雪立
16. 白山夜月
17. 叠翠山
18. 东屏柏山
19. 达摩崖山
20. 二龙争路
21. 凤凰山
22. 蝎子石
23. 浅煤山
24. 拴马桩
25. 双泉合璧
26. 阴凉庵
27. 婆婆庵（菩萨像）
28. 六郎寨
29. 寿星山
30. 盔甲洞
31. 白果树
32. 御子泉
33. 弥勒院
34. 魁星阁
35. 仙人桥
36. 金鱼池
37. 石佛庙
38. 陈友谅寨
39. 弥勒听琴
40. 威震雄关碑
41. 五谷神洞
42. 观音庙
43. 龟石
44. 青龙桥
45. 詹天佑铜像
46. 詹天佑纪念碑
47. 五贵头（弹琴峡）
48. 六郎像
49. 五郎像
50. 磨刀石
51. 棺材石
52. 万佛寺
53. 西姑庵
54. 骆驼岭
55. 金牛洞
56. 天险

57. 青龙倒吸水
58. 讲台
59. 望京石
60. 居庸外镇
61. 北门锁钥
62. 八达岭长城
63. 猪拱窝
64. 黑龙潭
65. 烟墩
66. 岔道城
67. 桃山（羊头山）
68. 乾隆碑
69. 驴蛋石
70. 吐米洞

二龙戏珠

关沟南端两侧绵延数里的高山，犹如两条巨龙；山谷中有一座圆形的小山丘，恰似一颗宝珠；两山近在咫尺，酷似两条龙争相戏耍宝珠的神态。倘若站在臭泥坑村旁的土坡上回首南望，两条龙的龙头、龙身形象逼真，会产生呼之欲飞的感觉。

白塔寺

白塔寺位于南口城东、南山坡上，寺中主要建筑为一座白塔，形状与北京城内北海公园的白塔一模一样，但建筑规模要小许多。寺因塔得名。白天，无论从东或从南走近南口城，都会看到山坡上熠熠生辉的白塔。寺、塔不知建于何年。

月牙石

南口村东山崖上中间,形如石刻月牙,故名。

二人下棋一人看

在月牙石下的缓坡上,有四块山石,中间一块似一石桌,两侧各有一石,好像两人对坐下棋;石桌后有一高石,如一人站立观棋,故名。

拴马桩

西园村东、降蓬顶山西侧山坳处,有一石柱酷似一根石桩栽在这里,相传北宋名将杨六郎曾在此拴过马,故名。

居庸叠翠

东园村东的叠翠山,海拔861米,山上崖层分明,互有进出。山势从低到高宛如层层石阶,错落有致,崖边、阶上遍地松柏、灌木、花草,枝繁叶茂,郁郁葱葱,峰峦叠嶂,苍翠可爱。金明昌年间(1190—1196年),章宗皇帝钦点为"燕山八景"之一,名曰"居庸叠翠"。此后,元代的"燕山八景"、明代的"燕台八景"、清代的"燕京八景","居庸叠翠"都名列其中,可谓显赫一时,长盛不衰。

　　叠翠山上还有一处景致，名叫翠山寨。沿着山间小道行约3公里，只见巨石俯仰，宛若屋宇之状，其中可容百人，四壁寒流缀滴，凉气袭人，异草旋绕左右，涧谷深沉，不敢下望。

　　附近还有一处景观，名曰"居庸霁雪"，自明代隆庆二年（1568年）以来，始终是"燕平（昌平的古称）八景"之一。因两处景观名称相近，故在此一并记述。"居庸霁雪"是指居庸关冬日雪后，城楼墙堞，峰峦林海，银装素裹，分外妖娆；朔风吹起，雪雾弥空，在太阳的照射下，映成瑞彩千条，十分绮丽。

皇亭子

　　清乾隆十六年（1751年），高宗皇帝御笔亲书"燕京八景"碑，于景观所在之处镌碑建亭。"居庸叠翠"碑和碑亭即建在叠翠山下，大道之侧。因碑与碑亭皆是皇家所建，故名皇亭子。据村民们讲，1940年，侵华日军在修筑京张公路时，将其拆毁，埋在了路基下。

白凤冢

　　白凤冢位于居庸关南的西山坡上，传说冢内埋的是李凤姐。李凤姐是京师通往大同驿道上的梅龙镇人氏，与哥哥李龙在镇上开了一家酒店。明正德十二年（1517年），武宗朱厚照微服出行至此，对李凤姐一见钟情，将她带回京师；京剧《游龙戏凤》演的就是这则逸事。行至居庸关,李凤姐突发暴病而亡,就葬在此处。第二年春天,居庸关四周的山上长满了青草,唯独李凤姐的坟前和山坡上长的是白茅草;当地人就称西山坡叫白凤坡,称李凤姐墓叫白凤冢了。

泮宫石坊

在居庸关城南路西,竖立着一座石坊,横额正中刻有"泮宫"二字,这就是泮宫的棂星门,建于明正统四年(1439年),十四年(1449年)毁于兵火,天顺七年(1463年)重修。这里是明代隆庆卫为守军子弟所设立的学校,称"隆庆卫儒学",共有房

泮宫石坊

屋45间。《诗·鲁颂》篇的《诗序》中，记载了人们歌颂鲁僖公"能修泮宫"的诗句；从此以后，"泮宫"就成了国立学宫的代名词。

状元桥

状元桥位于泮宫内。在封建社会里，学宫的建筑是有规制的。中轴线上的主要建筑自外而内依次是棂星门、泮池、泮桥、戟门和大成殿。棂星门内的泮池，系后世遵奉鲁僖公泮宫之制，在学宫前建造的状如半月形的水池，池上设石桥，称泮桥，起着连接棂星门和戟门的作用。在科举时代，文人最美好的愿望就是能考中状元，因此，学子们称泮桥为状元桥，共同以此自勉，鞭策上进。

金梁玉柱坊

在居庸关关城的南门内至云台之间，原有一座过街牌坊，称金梁玉柱坊。因年代久远，又遭受过兵燹之灾，到20世纪末，据《北京市昌平县地名志》记载，此坊"只存一根汉白玉石柱，石柱两侧还能看到榫卯"。现已无存。

东屏柏山

又名翠屏山，以其山翠郁如屏而得名。即关城东山，西与金柜山相望。海拔404米，相对高度128米。关沟河从山脚下流过，山壁陡峭，地势险要，是关城东侧的天然屏障和自然依托。城堞随山就势蜿蜒其上，更显壮美。

金柜山

即关城西山，因山形似金柜，故名。海拔629米，相对高度353米。山势陡峭，部分山体近乎直上直下；城墙雄踞其上，十分雄伟壮观。

练武场

居庸关练武场旧称教场，位于关城北门外护城墩北边，建于明初。正统十四年（1449年），被蒙古瓦剌部落所毁。景泰初，改移关南。正德十一年（1516年），因草场不便，仍旧移回原址。设有将台1座；演武厅3间，匾曰"观兵"；后厅3间，匾曰"鞍射"，公余射孚1座；大门3间；马、步操管总厅各3间；把总厅3间。现已不存，遗址今为桃园。

明朝诗人倪组曾赋得《居庸演武》诗一首，以记其胜：

启明光夺帅袍红，斜月西楼戍角空。

龙尾风高戎十乘，骊群云焕戟千峰。

攻围有约将军令，生杀无心造化功。

李霍汉南今献获，范韩帷幄自英雄。

阴凉庵

在四桥子村南,原来有一座小庙,名叫阴凉庵。后因年久失修,庙院倒塌,庙里只留下一尊小石佛,后背朝着太阳。相传过往行人把它扭转过来,让它脸朝着太阳,时隔不久,它又扭转回去。当然,这只是一个传说,不足为信。现小石佛已不知去向。

寿星山

在四桥子村南路西,有一座山头酷似中国民间诸神中的老寿星,故名。

大龟石

在上关城北公路边,有一巨石,其形似龟。相传这是一只乌龟精,白天藏在山洞里,晚上经常出来伤害老百姓。王母娘娘听说后,就拔下头上的金簪,将乌龟钉死在这里。后来,乌龟变成了大龟石,金簪化作了石旁的老桑树。

仙枕石

仙枕石也称"穆桂英点将台""帐篷石",位于居庸关城北的河滩中。仙枕石是一块巨石,独卧沟中,石高3米,体积60立

"仙枕"二字　　　　　　记事文字

方米,卧石的西侧刻有隶书"仙枕"两个大字,落款是"吕贲书"。仙枕二字旁有一段纪事刻字曰:"嘉靖乙卯(即三十四年,1555年)三月十二日,虏犯古北口,奉命率三镇兵二万余众,由居庸关入援,廿二日虏败遁,廿三日班师,取道怀来,即归阳和。总督军务、兵部尚书、灵宝许论题。"卧石的南部刻有自称"太行散人"者作诗两首。

(一)

峡琴不可见,仙枕尚堪眠。
山色诊去霭,苔痕近水鲜。
逸人留古迹,清梦自何年。
赏玩开胸抱,潜然未欲还。

仙枕石

(二)

磐石茗然古,仙踪去未还。

黄粱曾几度,白鹤任长年。

此事终成梦,前缘总付天。

希夷如可学,习懒正相便。

巨石的东面有脚窝,现已被改成石阶,可以攀登而上。石面较为平坦,上面的斑痕类似足印,相传为穆桂英点将阅兵站立之处。石面上四周还有大小 28 个小石坑,传说穆桂英曾设中军宝帐于石上,这些小石坑就是搭帐篷时留下来的帐篷杆眼。

杨六郎洗脸盆

在上关城东山之巅,相传为辽朝萧太后梳洗之处,石下刻"燕窝"二字。又传为杨六郎洗脸盆。

仙人桥

在三堡西山坡路边,有一座天然山石形成的小石桥,长约1米,宽约0.5米,横架在悬崖峭壁之上,上面写着"仙人桥"三个红字。关沟民间传说的"有桥无人走"即指此桥。

弹琴峡

在三堡火车站以北1公里处,奇峰巍峨,丛山叠嶂,一股清

弹琴峡五贵头石刻

溪自山中沿着缓坡飞流直下，泄入谷底，奔腾于乱石之间，激流敲击着顽石，淙淙有声，加以峡壁和鸣，空谷回音，远远传来，宛若琴声般悦耳，因此名叫"弹琴峡"。每年春分前后，山上的冰雪消融，化成一滴滴、一串串水珠，滚落到下面层层叠叠的薄冰之上，恰似无数双巧手，弹奏着琴瑟的和弦。游人静坐在峡旁的石阶上闭目聆听，清音妙弦，时缓时急，忽高忽低，频频送入耳畔。举目一望，满山苍翠好像一块绿茸茸的地毯，一株株绿树在微风中轻轻摇摆，就像一个个舞蹈家在动人的乐曲中婆娑起舞。夏、秋两季，山谷中水的流量渐渐增大，流水与峡壁交响共鸣，声音也异常优美动听。由于这里是"关沟七十二景"中最高雅、清幽的景观，因此，南来北往的文人墨客总要在此吟诗作赋，一抒情怀。明代诗人吴扩曾作诗一首《过弹琴峡》。

  悬崖峭壁蹬千盘，峡里天光一线看。
  绕涧琴声听不尽，月明流水曲中弹。

诗人把弹琴峡的山光、水色、幽谷、"琴声"尽情地赞美了一番。可惜20世纪初由于修筑京张铁路，弹琴峡山破一壁，涓涓溪水奔泻而下已不能与山谷共鸣。然而，人们来到弹琴峡边，依然可以领略到这里清幽的意境，"弹琴峡"三个大字刻在濒溪石壁上，附近还有许多珍贵的名人石刻，逐一欣赏，当可聊补"琴去音绝"的遗憾。

魁星阁

在"弹琴峡"石刻上方,有一个天然山洞,人们巧妙地利用这个山洞,修建成上、下两层的小庙:上层为魁星阁,下层为关帝庙。如今,庙中的石刻佛像及飞檐栏杆均已被毁,山洞还在,洞口上方的门楣庙迹犹存,只要稍加留意就能看到。

魁星阁

弥勒听音(琴)

在魁星阁北百余米,有一座小龛洞,窄小的石券门上镌刻着"弥勒听音"四个字。弥勒石像刻工粗犷,高1.45米,宽1.35米;刻于元代。1900年,石佛被八国联军付之一炬。1986年修建八达岭高速公路时,将石佛重新奉安。至今,弥勒依旧以满面的笑容,

"弥勒听音"佛阁

谛听着高山流水"弹"出的琴音。

五郎像

在弹琴峡隧道口,有一尊2米多高的浮雕佛像,民间传说是五郎像。在《杨家将》故事里,杨五郎在金沙滩兵败脱身后,到五台山落发为僧,遁入空门,因此,这里有他身披袈裟的雕像。其实,大家仔细一看,就会发现问题。原北京旅游出版社社长李夏先生说:"这尊佛像的'印契'(即法界的德行)表明是阿弥

上品上生手印

五郎像

陀佛,佛像结跏趺坐,两脚压腿的姿势叫'吉祥坐';两手平置腿上,两手手指交叉,大拇指对顶,食指弯曲作'上品上生'手印。这是阿弥陀佛九个手印中最高的手相,他是'西方极乐世界'的教主,能接引念佛的人去西方净土。这个地方为什么要刻阿弥陀佛呢? 古时,这岩坎下临溪谷,是关沟大道中最险要的地段,而且有传说中的'五鬼头'作祟,于是刻下阿弥陀佛,来往行人受'菩萨保佑'而一路平安。"

五鬼神祠

在弹琴峡北、京张铁路东侧。关于"五鬼"一词,说法很多。一说是指智穷、学穷、文穷、命穷、交穷等五种穷鬼为五鬼,可为患一方；二说是指五代南唐李璟时，冯延巳、魏岑、冯延鲁、陈觉、查文徽五人专权乱政，为害一朝；三说是指宋朝的王钦若、丁谓、林特、陈彭年、刘承圭等人奸邪险诈，为害一时；四说是指星命家所称的恶煞之一，取象于鬼宿（二十八宿之一）的第五星。笔者认为修建此祠遵从的是第四说。人们修建祠堂，供奉鬼宿星官，是为了求得神仙的保佑，旅途平安。

石佛寺

位于上关城北3.5公里处，京张铁路与京张公路之间。永乐年间（1403—1424年），明成祖朱棣曾五度出关，御驾亲征漠上。为了祈求征途平安，战事顺利，在此修建了大悲寺，寺内供奉的主神是南海观世音菩萨。因为寺内各殿供的都是石刻佛像，所以当地百姓俗呼之为石佛寺。在"庚子事变"以前的400余年间，苍松翠柏掩映着这座深山古刹的红墙黄瓦，晨钟暮鼓回荡在山野中，显得异常安静、神秘。1900年8月，八国联军的罪恶魔爪伸到了这里，古老的佛寺毁于侵略者的炮火之下，大部分石佛身首异处。尚有几尊石佛虽然未能避过劫波，但大体上保存得比较完整，是很精美的石雕艺术品。

六郎像

在三堡火车站西北1.5公里处，铁路西侧的石壁上，有一石刻坐像，盘膝搭手，面目慈祥，形象生动，相传是宋代抗辽名将杨六郎。在关沟一代，杨家将的故事广泛流传，许多景物常被人们同杨家将联系在一起，这尊石像就是一个实例。

棺材石

在六郎像西，有一白石，形似棺材，故名。

骆驼石

在石佛寺旁的骆驼岭上，山峰形似骆驼，故名。

天险石

天险石位于八达岭东门外自北向南下行的第一个拐弯处，是关沟最狭窄的地段，形势险要。据《水经注》记载，汉居庸关即建造于此。在其北山石壁上，刻着"天险"两个大字，为清道光

"居庸外镇"匾额

摩崖石刻"天险"

十年(1830年)延庆州知州童恩等人摩崖镌刻。

青龙倒吸水

在"天险"石刻路南西侧的山脚下有一眼清泉,这就是郦道元《水经注》中所说的湿余水的上源。临泉石壁高约7米,石质为浅黄色花岗岩。石壁中间从上到下有两条黑色的流水印痕,远远望去,好像两条青龙倒挂在崖壁上,将头伸到泉边来喝水一般,故名。现今由于地下水位下降,泉眼早已干涸,泉边的庄稼地已改建成停车场,石壁上的水痕也已褪尽。昔日的风光不复存在了。

望京石

在八达岭东门（门额为"居庸外镇"）外南侧，有一块巨大的花岗岩，长15米，宽3米，高1米，上刻"望京石"三个大字。这块巨石原来高出路面2米多，以后修筑京张公路及经常进行养护维修，使路基不断升高，形成了现状。关沟两侧峰岭林立，南望北京视线往往被高山遮挡，唯独站在望京石上，两侧青山独通一线，天气晴朗时可以看见北海公园的白塔。相传"庚子事变"时，慈禧太后、光绪皇帝出宫西行途经此地，曾登上此石遥望京师。

烟墩

在岔道城北。又称烽火台、烽燧，是古时候传递紧急军情的主要设施。通常建在地势较高的山顶上，以便观察附近烟墩的动静，监视警戒区域的情况。遇有敌情，白天燃"狼烟"，其烟直线上升，烟柱不散，此为燧；晚上点火，此为烽。由于年久失修，已有部分坍塌。

居庸八景

居庸八景是明代守关官吏从关城附近的景致中遴选出来的

佳景。

玉关天堑 居庸关关城的地势是崇山峻岭,横亘在京师的西北。明初,在这里依山就势修筑的关城,扼守着关沟古道,势如天堑,难以逾越,故名。

石阁云台 即"云台"。

叠翠联峰 即"居庸叠翠"。

双泉合璧 居庸关关城东岩下,有双泉涌出,势若燕尾,向下曲折萦绕,即散复合,故名。

汤泉瑞霭 居庸关关城西边的汤峪川,有一处温泉,溶溶不竭,暖气熏蒸,冬夏如一,故名。

琴峡清音 即"弹琴峡"。

驼山香雾 居庸关城南6公里处,有一山高下起伏,俨若驼形;阴雨天云雾突起,气味馥郁,故名。

虎峪晴岚 居庸关东南12.5公里处,有一山势若虎踞,远映清辉,岚光耀目,习习谷风,时出其下,故名。

其他景物

观音泉 上关城玉峰寺下有一泉,其水清冽寒凉,泉旁石壁上刻有"观音泉"三个字。

范阳荒石 在上关城下、永安河旁有一石,上刻一犬吠二凤,旁刻"范阳荒石"四个字。

居庸石　居庸关北 4 公里处有一石，长 35 米，宽 13 米，高 10 米；居庸关附近到处都是巨石，此为众石之冠。

漱玉井　在居庸关南 2 公里处。永乐初，明成祖北征至此，口渴欲饮。其时，河水方经马踏，混浊不堪。成祖不悦，遂命凿井。4 日后水出，故名。今已干涸。

通天池　位于虎峪沟内。由 9 条瀑布联结的 9 个水潭自然组合而成。瀑布自高处落入深潭，潭水溢出形成又一条瀑布，九度连环，形成一个十分罕见的绮丽景观。站在低处向上仰望，条条银练在绿树葱茏中时隐时现，渐渐消失在白云深处，人们都说这水来自天上，故名通天池。沿着水潭、瀑布旁的小径攀缘而上，从高处俯瞰通天池，便觉水自脚下出，条条白带飘向远方，别有一番景致、情趣。

握云洞　在虎峪沟中的雀儿洞内。握云洞位置较高，洞前常有白云缭绕，使人有伸手可握云之感，故名。洞口的气流较强，进、出洞口皆似有人在后面轻推，洞内深远莫测，不宜走远。每逢阴雨天，常有雪白色的云雾从洞口飘逸而出，渐渐弥漫洞口、山谷，十分壮观。

地方经济

在漫长的封建社会里,南口地区的地方经济基本上是农耕经济,亩产低,产粮少;干鲜果品种类多,数量大;前店后厂式的商贸店铺数量少,规模小。20世纪初,南口机厂和南口火车站建成运营后,工业、手工业、商贸业、建筑业迅速发展,逐渐形成较大的规模,南口镇被人们称为"小北京"。

在漫长的封建社会里，南口地区的地方经济基本上是农耕经济。南口城内有几家贸易货栈，因城小人少，购买力低，几乎每个行业只有一家店铺，坐落在南北走向的大街两侧。资金实力雄厚的店铺都是山西人开的，有玉济公皮货店和源远酱菜园。这两家店铺的东家还联手在南口城西的坡岗上购置了十五亩山地，作为山西人的义地，当地人俗呼之为"老西坟"。本地人开的买卖店铺大多本小利微，有德泉涌杂货店，还有一家小首饰铺、一间豆腐房。南口城作为关南塞北人来货往的重要枢纽，骡马大车店历来比较多，汉、回两族居民在料理生意的同时，兼顾彼此的宗教信仰和生活习惯，汉民开的玉顺店、福源店和侯家老店都建在城里，回民开的何家店建在城外的后街，邻近清真寺。南口城的铁匠作坊历史久远，在明代以前，他们主要打造兵器，辅以制作农具；清代中期以后，专门生产农具、猎具和勺、铲等生活用品。大部分铁匠铺为了推销马蹄铁，还要为马、骡换掌、钉掌。平原的农民靠种田维生，山区、半山区的农民以林果业为主，林粮间作。农闲时，农民要从事多种劳动，以维持生活：有的进山采药；有的割荆条编筐、篓、荆笆；有的打猎；有的上山砍柴，或自用，或出售。

清光绪三十二年（1906年），在南口城西南陆续建起的京张制造厂、南口火车站，为南口地区带来了工业文明。以这一厂一站为基本骨架，一座新型的现代化城镇迅速崛起。

中华人民共和国成立后，北京保温瓶工业公司、北京市平板玻璃工业公司等一批后起之秀也创造出了骄人的业绩，但不是本书记述的范畴，只好割爱。

南口机厂

京张铁路动工之初，以詹天佑为首的工程技术人员为了维护路务，需要在沿线建立一个装修机、客、货车的工厂。他们经过研究认为：南口离各条铁路较近，车辆支应周转灵活；关沟一带线路蜿蜒曲折，坡度陡峭，机车容易发生事故，南口离关沟最近，便于抢修；因此，决定将厂址设在南口。

光绪三十二年七月（1906年8月），在南口城西南2公里的荒野河滩上，用刺线围了个圈，用木板、铁皮盖了几间大棚，"京张制造厂"诞生了，隶属京张铁路总局管辖。建厂初期，全厂共有工人300多人，主要由四部分人员构成：一是筑路的工匠转到工厂里来的；二是铁路管理官员引荐来的；三是天津、唐山铁路工厂的工匠不堪忍受工目（即工头）的欺压转投而来，经考试录用的；四是来自南口附近农村的，因没有技术，大多从事体力劳动。全厂下辖8个厂（即车间）：铸工厂、锤工厂、锅炉厂、模型厂、打磨厂、修理机车厂、修理客货车厂、油车厂。在1906年至1908年的两年间，大修机车2辆，货车12辆。

清宣统元年（1909年），京张铁路全线即将竣工，工厂组装机车和检修客、货车的任务大增。按照计划，宣统二年（1910年）一年之内要组装4台新购机车，仅仅这一项任务，从当时的设备

南口机厂外景

和设施来看,也难以完成。因此,必须整顿机构、扩建厂房和增添设备。宣统二年二月(1910年3月),京张制造厂改称南口机车厂,仍旧隶属京张铁路总局管辖。把原来的厂(车间)改称为房,再根据生产需要重新组建各房。全厂设立机器房、铆炉房、矾砂房、打铁房、机车房、修车房、杂工房等7个生产部门,并设立公事房协助厂长办公。新建、扩建铆炉房、修车房各1所,公事房、机器房各4间,打铁房3间。至此,已有6房拥有独立厂房,只有机车房与机器房继续合用厂房。

从清朝末年到民国初期,京张铁路机、客、货车的数量大幅度上升:机车由1907年的4辆增加到1912年的45辆,货车由21辆增加到640辆。按规定,各种车辆两年半应大修一次,因此,多数车辆需要入厂大修。按当时的设备和厂房设施,很难完成任务,必须进行第二次全面扩充。至1913年,全厂人员达到427人。1916年1月,京张、张绥两路局合并,更名为京绥铁路管理局;同年11月,南口机车厂改称南口机厂,此名称一直沿用至南口解放。从这时起,京绥铁路全线机、客、货车的装修任务主要由南口机厂承担,经过这次扩充,组装、检修各种车辆的效率也大幅度提高。与1906年至1908年的维修数量相比,1919年一年就修好机车11辆、货车983辆、客车93辆。1912年至1927年的16年间,组装机车55辆、客车34辆(内有守车1辆)、货车113辆。

1926年4月至8月,在南口地区爆发了持续近5个月之久的奉鲁联军与国民军的战争,平绥线上的大批机、客、货车被

南口机车房

毁,待修车辆增多。依靠工厂当时的条件难以完成任务,只能继续完善管理机构,扩充厂房规模、设备配置,增加技术力量,才能按时完工。但因资金不足,这次扩充时断时续,直到1936年才完成。这时,工厂的管理机构改设为5个股,即工作股、材料股、事务股、设计股和司账股。生产机构改设为4场11房:第1工场辖机车房、铆炉房,第2工场辖木工房、修车房、油漆房,第3工场辖打铁房、机器房、木样房、翻砂房,电气工场辖动力房、电气房。各房还陆续添置了一批机器设备。

南口机厂建造列车情景

至1936年，南口机厂占地总面积48136.85平方米，建筑总面积13593.45平方米。全厂人员总数为898人，其中职员48人、工人850人。工人中，工匠为438人，其余为小工和徒工。由于扩建了厂房，进一步完善了机器设备，全厂的生产能力也明显提高。仅在1934年一年，大修机车21台，小修机车50台，修理客车180辆，修理货车690辆，创造了建厂以来直至中华人民共和国成立全厂生产的最高纪录。

　　在此期间，南口机厂在对机、客、货车进行例行检修的同时，还根据本线路段的特点，建造了两列新式客车。为了使新式客车按时制造、投产，平绥铁路局制定了《南口机厂加速制造特别快车两列工作办法》。规定：施工实行包工、包料，保质按期，如提前完成，按所省工价奖给承做之人；如延误时间，则按所误时间扣罚工薪。还把每个岗位每天的工作量同薪酬直接挂钩，使生产和管理都走上了正轨。

　　1937年7月7日，日本军国主义发动了卢沟桥事变；8月初，日军攻占南口；9月18日，以野田喜三郎为首的100多名日本人接管了南口机厂。他们将工厂的管理机构改为3个系，即庶务系、经理系、仓库系；生产机构改为7个场，即检查职场、组立制罐职场、旋盘职场、铸物锻造职场、客货车职场、动力工机电气职场、再用品职场。各系、职场的主要岗位都控制在日本人手里，一切生产都围绕着日军侵华战争的运输展开。随着抗日战场的节节胜利，抗日战线的不断延伸，日军的军事运输日趋紧张，车辆严重损坏，待修机车增多，日本兵就逼迫工人日夜抢修。工人们不愿

北平沦陷后,在南口机厂实行军事管理的日本人

意看到日本人开着自己修好的火车去侵占中国的大好河山、炸毁我们的城市、杀害自己的同胞,就用怠工、粗制滥造的方式进行反抗,使修车的数量和质量不断下降。1943年是抗战8年中南口机厂生产数量最多的一年,全年修理机车67台、客车114辆、货车628辆。8年间,日本人只顾疯狂地掠夺战略资源,不停地往日本运东西,当急需扩大运输能力时才补充少量设备,以维持战争机器的运转。抗战胜利时,南口机厂的机器大部分磨损严重;因为受到厂内工人的严密保护,投降后的日本人不敢进行明目张胆的破坏,南口机厂基本完整地回到了中国人民的手中。

1945年12月7日,国民党派张霖谟接收了南口机厂,任代理厂长。此时,南口机厂隶属于设在北平的平津区铁路管理局。次日上午,南口机厂鸣汽笛6次为号,正式开工。工人们回到光复后的工厂,认真地检修机器设备,重新开始了生产。

1948年12月12日,南口镇解放了,南口机厂回到了人民手中。

中华人民共和国成立后，南口机厂步入了它百年历史中的黄金年代。1956年，改称南口机车车辆机械工厂，隶属铁道部领导，主要生产各种机车车辆配件。厂区扩大到98万平方米，厂房面积达到18万平方米，职工6770人，主要机器设备2857台，其中金切设备1069台，从日本、美国、德国陆续引进先进设备121台线。主要产品有内燃机车用柴油机油泵、各种齿轮油泵、水泵、铁路货车轴承、内燃电力机车用空压缩机等。

在南口机厂的历史上应该记住一个人物，他就是何孟雄。

何孟雄（1898—1931年），又名何孟宏，湖南省酃县（今称炎陵县）中村乡龙潭村人。早年在长沙求学期间，与毛泽东、蔡和森、邓中夏等交往密切。1920年11月，加入北京社会主义青年团和北京共产党早期组织，是全国最早的50余名共产党员之一，也是共产党早期北方工人运动的著名领袖之一。1931年，何孟雄在上海被捕，英勇就义，年仅32岁。

在北京共产主义小组建立初期，何孟雄就积极从事"实际的农工运动"。1920年夏，何孟雄先后深入到南口、唐山、长辛店、张家口等地的铁路工人中间，了解他们的生活状况和工人运动情况。同年12月，他发表了长篇论文《劳工运动究竟怎样下手》，对中国劳工运动的特点和规律进行了较为全面的探讨。1921年12月下旬，何孟雄第二次来到南口，向南口机车处（今南口机务段）的工人团体"精业研究所"的数十名会员发表了演讲，希望工友们用良心和热血来组织团体。

南口机车车辆机械厂外景

1922年6月,中国共产党委派何孟雄出任京绥铁路的稽查员,以南口为中心,以产业工人为主体,展开轰轰烈烈的工人运动。

1922年夏天,何孟雄第三次来到南口。他和工人们打成了一片,同他们促膝谈心,给他们讲革命道理,工人们听了深受鼓舞,纷纷表示愿意跟着他一起推翻旧社会,建立新生活。为了向更多的工人群众传播革命道理,何孟雄在南口机厂办起了"工人夜校",名义上是教工人们读书、识字,实际上是培养、锻炼工人运动骨干分子的熔炉,宣传革命思想的课堂。何孟雄还亲自编写教材,亲自授课。通过频繁的接触,何孟雄能够随时了解到工友们真实的思想动态,同时也增进了他与工友们相互之间的信任。经过一番深入、细致的工作,一批工人运动骨干队伍已经基本形成,何孟雄决定趁热打铁成立工会。为了讲究工作方法和斗争策略,他将工会定名为"工业研究所"。

1922年6月下旬的一天,"京绥铁路南口工业研究所"成立了。所址的正面墙上挂着"劳工神圣"的巨幅匾额,两侧各挂一面红旗,上面用金线绣着镰刀、斧头的图案,匾下方的条案上摆放着机械模型和常用的劳动工具。会场里挤满了各房(即车间)推选的工人代表,张家口分机厂也派代表前来参加成立大会。会议选举出会长、副会长和委员,何孟雄当选为秘书长。会上,确定了工业研究所的宗旨:联络感情、交换知识、提高社会地位、维护工人利益。会上发给每位成员一枚铜质的三角形证章,上面是象征着工农联盟的镰刀、斧头互相交叉的图案。会后,工人们把证章佩戴在胸前,全身好像充满了力量,心中感到无比自豪。

京绥铁路南口工业研究所成立之后,工人们有了自己的组织和活动场所,下了班都爱到这里来。工会通过开展思想教育和文体活动,将工人们紧紧地团结起来,为他们撑腰说话,向反动工头和欺压工人的黑恶势力进行针锋相对的斗争。在何孟雄的领导下,南口机厂工人们的第一次反对恶霸工头——驱除杂工房监工毛有德的斗争取得了全面胜利,迫使其他监工收敛起平日嚣张的气焰,不敢再克扣勒索工人。

工人们从中看到了团结起来的力量,更加信任何孟雄和工会组织了。

驱逐恶霸工头毛有德的胜利,激发了工人们的斗争热情。经过与工会委员们研

何孟雄送给张晓会的折扇

究,何孟雄决定发起争人权、争待遇的斗争。通过工会委员的串联,工人们统一了思想,决定向京绥铁路局提出增长工资等 6 项要求。

经过两次艰苦的谈判,铁路局答应了工人们提出的大部分要求。并迫于社会压力,将侯景飞调离了南口机厂,按协议给工人们加了薪。此后,何孟雄奉命离开了南口。

地方特产

南口作为昌平西部地区的商贸中心和商品集散地,每年秋风乍起,山区的各种果品源源不断地运到南口,又从这里销往祖国的四面八方。其中一些品质上乘、饶有地方特色的产品,受到消费者的喜爱。

西峰山金丝蜜枣 又名西峰山小枣、西峰山小家枣、京西小枣。产于南口地区的西峰山村。果实小,卵圆形,平均纵径 2.34 厘米,横径 1.64 厘米。平均单果重 3.8 克,最大单果重 5.5 克。果面橙红色,平整光滑;果点呈黄色,小而不明显。果皮中等厚,脆。果顶平,梗洼深而窄。果肉质脆,汁液较多,风味甜。鲜果含全糖 35.5%,含酸 0.74%;每百克鲜果肉含维生素 C 127.38 毫克。可干、鲜两食,更适于干食,干枣肉厚而有金丝,晒干率 70% 左右。

西峰山大家枣 产于南口地区的西峰山村。果实为大果型,倒卵圆形，纵径 3.34 厘米，横径 2.41 厘米。平均单果重 11 克，最大单果重 16 克。果皮中等厚，口感较脆。果肉白绿色，汁液中等，风味甜。鲜果含全糖 24.7%，含酸 0.475%；每百克鲜果肉含维生素 C 428.1 毫克。适于鲜食。

郎儿峪核桃 又名薄皮核桃，产于南口地区的郎儿峪村。果实圆形、长圆形，最大单果重 23 克，取仁容易，果仁黄白色至深黄色。粗脂肪含量平均约 67%，粗蛋白含量平均约 13%，风味浓香，出仁率为 50% ~ 64%。

檀峪磨盘柿 又名盖柿，产于南口镇檀峪村，因果实形似磨盘，故名。果实极大，平均单果重 234 克，最大单果重 450 克。果实含水分 78.43%，总糖 16.46%，可溶性糖 16.3%，粗蛋白 0.38%，每百克鲜果中含维生素 C 4.92 毫克。

流村四瓣柿 产于南口以西的南、北流村一带。果实近似方形，中等大，纵径 5.18 厘米，横径 7.16 厘米。平均单果重 168 克，最大单果重 216 克。果顶微凹，有六条放射状沟纹，果基平或微凹；缢痕深，位于中、下部；横径最大处在缢痕以下；纵沟深，将果实分成四瓣，即因此而得名。果实含水分 78%，总糖 16%，可溶性糖 14%，粗蛋白 0.35%，每百克鲜果肉中含维生素 C 4.78 毫克。

民俗风情

南口地区的民俗风情千姿百态，表现形式多种多样，从古流传至今仍被人们津津乐道的主要有庙会和花会。

庙　会

　　庙本来是奉祀祖宗、神佛或前代贤哲的地方，在每年固定的时间里，都要举行祭祀或礼拜活动。从唐代开始，每逢庙里举行礼仪活动，商家也赶来"凑趣"，逐渐演化成庙会。日久天长，庙会的内容不断丰富、充实，从而吸引了更多的行业和人群，成为不分城乡、官民咸宜的社会公共活动。南口地区的庙会，起初只有南口城里的东大寺、关帝庙和花塔村的和平寺三处庙会，从民国初期开始，南口镇的宝林寺建成后，也办起了庙会。从此，南口地区的庙会增至四处。

　　和平寺的庙会每年举办两次，庙会由花塔、黑寨、檀峪、兴隆口、古将、前桃洼、后桃洼和长水峪等村共同承办，所需开销也由8个村分摊。春季庙会从夏历四月初五至四月初八，举办4天。夏历四月初八是中国佛教的重要节日——浴佛节，汉族地区相传这一天为佛祖释迦牟尼的生日。因此，佛寺都于此日举行诵经、用香木浸水灌洗释迦太子的诞生像等活动，纪念佛祖的诞生。举办庙会的4天各有称谓：初五叫闹台日，初六叫头一天，初七叫正日子，初八叫末庙日。庙会的主要活动有寺庙里的宗教仪式、戏台上的戏剧演出和各种商品的自由贸易。

　　和平寺是南口地区首屈一指的大庙，香火历来比较旺盛；浴佛节是佛家的重要节日，因此，前来上香礼佛的善男信女多于往日。从宛平、延庆、怀来、宣化、顺义、怀柔等地远道而来的香客，大多感念和平寺素有灵异之名，不辞鞍马之劳，前来许愿、还愿。当地的老百姓中，除了一些虔诚的信徒来拜庙敬香之外，大部分是来领取布施、看热闹的。

每逢庙会，绝大多数赶会的人都是来看戏的。花塔村的戏台正对着和平寺的山门，常来和平寺赶会的人都会早早地守候在戏台前，争相以一睹和平寺的僧人们表演的祖传武术——少林护山刀为快。庙会期间，每天开戏之前，都是由僧人们首先登台演练少林武术，以示酬谢各方施主之后，才正式开锣唱戏。戏班子有马刨泉、横岭（今属河北省怀来县）村的村办剧社，以演唱河北梆子为主，曲目有《蝴蝶杯》、全本的《王宝钏》等。还有从北

相声演员郝爱民、郭全宝在花塔庙会上演出节目

京城请来的京剧戏班,演出的剧目有《打渔杀家》《潘杨讼》《秦香莲》《小上坟》《连升店》和《游龙戏凤》等。中华人民共和国成立后,开始有评剧戏班到和平寺庙会来演出,演出的剧目有《刘巧儿》《小女婿》等。虽然是在室外的戏台上演出,演员、伴奏自始至终全神贯注,一招一式毫不松懈,因为他们知道:也许哪一个不经意的小闪失都会成为乡亲们的笑柄、茶余饭后的谈资、孩童们模仿的原型;更重要的是会影响日后演出的订单。在漫长的封建社会里,民间的娱乐活动比较少,听书、看戏不仅能充实老百姓的精神生活,还是向人们传递忠君爱国、礼义廉耻思想的重要渠道;因此,往往是一处演戏,全家出动,村村空巷。经常是台上演的人戏,台下看的动情,观众的情绪会随着剧情的发展和演员的表演而产生变化,时而高兴,时而哀愁,有时竟然会台上、台下哭成一片。各村的头面人物轮流到场,支应各种事务,了解老百姓对戏班子的评价,便于来年庙会请戏班子时做出选择。

  庙会的一项重要内容是自由贸易。中华人民共和国成立以前,南口地区没有大型商场,人们添置生产工具、购买生活必需品通常要到集镇上去交易;赶上庙会,就将所需物品顺便购回,所以,人们也把庙会称作庙市。庙会开始之前,庙会的主办者就在村里的几条主要街道的空场上,划出生产工具、生活用品、餐饮、服务、撂地杂耍卖艺等经营的区域范围。远近的买卖铺户也从四面八方赶来,选定摊位,搭设棚帐,摆放柜台、货架,陈列商品,做好开市交易的准备工作。

  庙会第一天的清晨,从和平寺内的钟声敲响时起,庙会就开始了。四里八乡赶庙会的人们有的坐着大车,有的徒步行走,或三五成群,或扶老携幼,陆陆续续来到花塔村。在当时,赶庙会是老百姓日常生活中的一件大事,不论男女老少,从头到脚都归置得干净利落,青年妇女还要特意打扮一番。来到庙会上,人们喜欢先庙里庙外、街前街后的逛上一圈,然后货比三家,买好可心的东西;再到餐饮摊前品尝些时令小吃。饭后,女人们喜欢聚到戏台前去听戏,男人们乐于凑到村边的空场上听相声,看艺人们练武术、杂耍、变戏法和民间花会表演。天近傍晚,附近有亲朋好友的即投奔借宿,次日再到庙会上去听戏、看热闹。当天赶会的则视路途远近,事先约定时间、地点,叫齐同村的乡亲,趁着天亮,说着、笑着踏上了归途。

和平寺庙会的前三天通常比较热闹,第四天是浴佛节,庙里要举行隆重的礼佛仪式,赶庙会的人中以香客居多,庙会上的娱乐和贸易活动或多或少会受到一些影响。晌午过后,赶庙会的人流逐渐散去,庙会也就落下了帷幕。

和平寺的秋季庙会从夏历的九月十五日至十八日,也是举办4天。庙会上的宗教活动和戏曲演出与春季庙会大同小异,而商品交易就大不相同了。春季庙会正值二十四节气中的立夏与小满之间,农田里的活计渐趋忙碌,商家出售的商品很有针对性,与夏种、夏管、夏收有关的农具有锄、锹、镰刀;房前屋后没种严实的,买点儿菜籽,赶在芒种节前撒到地里。过了立夏,天气热了,雨季也到了,有卖草帽、雨伞、雨靴、扇子及人丹、避瘟散的。秋季庙会处在霜降与立冬之间,此时的农村已经"场光地净",

粮食还家，果品下树；因此，杂粮、干鲜果品、过冬蔬菜成为庙会上交易数量较大的商品。

南口城内的东大寺位于南口村的铁路立交桥下，李公墓东，铁道西侧，是李公族人的家庙。昔日，东大寺是南口城内的首寺，与花塔村的和平寺关系密切，两寺僧众的名号都是统一排序的。如民国晚期，东大寺的方丈名叫焕辰，俗家姓康；和平寺的方丈名叫焕智，俗家姓李。东大寺的庙会从夏历的四月初三至初五，举办3天，由南口村出资举办。因东大寺是私人的家庙，所以庙会期间没有宗教活动；庙会的其他活动，如唱戏、庙市与他处无异。与花塔村的和平寺相比，南口城的地理位置更优越一些，因此，到东大寺赶庙会的人更多。

东大寺庙会的戏剧演出采用的是优胜劣汰的选择方式，往往具有连续性，前一年唱得好的戏班或剧目，来年还有再显身手的机会。行里同仁举荐来的戏班初来乍到，未曾展示技艺之前，只先付给少量定金，待演出结束之后再行结算。所以，到东大寺赶庙会的人每年都能听到耐人寻味的老戏，也能看到令人精神振奋的新戏，得到更多的精神满足和艺术享受。

东大寺庙会与花塔村和平寺庙会举办的时间前后衔接，东大寺庙会的末庙就是花塔村和平寺庙会的首日——闹台日，商品贸易的内容大同小异。商家通常把充足的货源投放到东大寺的庙会上，观察市场的行情，及时调剂余缺，一俟这里的庙会结束，再向花塔村的和平寺庙会转场。在老百姓的传统观念中，在东大寺庙会上购买的商品是"头一水"，挑选的余地比较大，上花塔和平寺庙会买东西则是"二道水",也许是被人们在东大寺庙会挑剩下的。因此,许多赶庙会的人愿意在东大寺庙会上买东西,到花塔村和平寺庙会上去听戏。

关帝庙位于南口城西城墙内,是由山西商务会馆出资建造的。每年夏历五月十一日至十三日在这里举办的关帝庙庙会,也是由山西商务会馆一手经办的。庙会的活动内容除了祭拜关帝之外,大致与东大寺庙会相同。平时,关帝庙的戏台也是忙多闲少:凡是山西人的买卖开张、周年店庆、老人寿诞、孩子满月、儿子娶亲、女儿出嫁、逢年过节、乡党聚会,都会请戏班来唱戏,经常是丝竹盈耳、管弦不断,极尽有钱人的铺张、奢华。

宝林寺位于南口镇兴隆街路西,是民国初期南口铁路工人为了祈福迎祥、免灾除祸,集资建造的庙宇。起初,庙里还能循规蹈矩地进行佛事活动,但从1926年至1948年,国民党军队和侵华日军相继利用宝林寺宽敞的院落,建立了南口地区驻军的司令部。当时的地方统治者为了粉饰太平,按照惯例,在每年夏历的四月初一至初三举办庙会。但是,在那兵荒马乱的岁月,老百姓往往畏兵如虎,敢在虎口觅食的人少之又少,宝林寺的庙会也不太热闹。

花 会

南口地区的花会历来以南口城为界,分为东、西两路。东路花会有龙虎台村的五虎棍,虎峪村的高跷和南口村的秧歌、旱船、小车会、杠箱;西路花会有花塔村的五虎棍,古将村的高跷,黑寨村的中幡、太平鼓,后桃洼村的高跷、跑驴、小车会、秧歌、狮子舞、花轿和武术。

说起南口地区的民间花会,必然会提到民国初期在当地为传播民间技艺付出大量心血的董立斋先生。据老人们讲,董先生不

后桃洼村的狮子舞

是本地人，早年在清宫里西太后身边当过护卫。辛亥革命后，清帝逊位，大量裁减宫内人员。董先生出宫后，先为北安河的豪门富户看家护院，后住到花塔村的和平寺中，白天教文，晚上授武。在董先生的悉心传授下，先后有20位弟子学有所成，其佼佼者有花塔村的滑长河、李金兰、赵长发、张永礼，檀峪村的王文秀，兴隆口村的孟奎轩。通过练习武术，青年们学到了敏捷的身手，表演起花会来个个如虎添翼。实践证明，武术是花会表演的基本功，花会表演丰富了武术的练习套路，二者相辅相成，成就了一代又一代人的民间艺术之路。

南口地区的每档花会都有各自的会头，也叫头面人，掌管本会的一切事务。会头通常由有钱人来担任，因为每档花会置办行头（服装）、道具、场面（锣、鼓、钹、唢呐等）需要很大的开销，没有充裕的资金难以为继。会众入会全凭喜好，入会以后必须受会规约束，不可三天打鱼两天晒网，须按时参加排练、演出。外出表演名曰走会，有时是年节应景，有时是受邀助兴；有时是单会独走，有时是数会齐出；有的不论远近，逢邀必往，有的只在本村或近处活动。

按照惯例，每年通常要走的会档有过年（正月初一到初五）、祈雨、庙会、买卖铺户开张及其他受到邀请的活动。走会前，会头事先要与事主接洽，确定走会的路线、设场表演的地点、各会表演的套路等，由会头通知本会会众，届时按约施行。走会时，事主在路口和表演的场地边放置方桌，备好茶水、点心，款待各路会众。有时恰逢年节，或是犒劳远道走会的会档，奖励出彩的表演，鼓励表演卖力、施展绝技的会众，主家都会打赏；会头接过赏钱要高声宣告，例如："三义轩糕点铺于掌柜赏花塔村少林五虎会铜子儿一吊。"会众们会齐声道谢："谢谢您啦，于掌柜的。"这种打赏，会头、会众并不在乎赏钱多少，而主要是一种精神激励，会众们会因此表演得更加卖力，从而把演出推向高潮。

南口地区的花会会档多、水平高，另有隐情。南口地区有花会组织的村庄，几乎都是在明代军事关隘的基础上形成的，村民大部分都是守军的后代，世代尊崇尚武之风。从清末至整个民国时期，南口以西地区匪盗横行，民生凋敝。这些村庄就结社练武，保境安民；花塔、黑寨、檀峪、兴隆口、古将、前桃洼、后桃洼和长水峪等西八村还结成护庄联保组织。为了避免与盗匪正面冲突，结仇衔怨，这些武术社团以花会表演的形式出现，以示不过玩玩而已，并非宣武扬威；盗匪们知其厉害，彼此心照不宣，长期相安无事。各种民间花会也得到了发展。

少林五虎棍的故事梗概是：柴荣、赵匡胤和郑子明三位英雄结伴寻访江湖豪杰，路过董家桥，被董家五虎——董龙、董虎、董彪、董豹、董强拦住去路，讨要买路钱，从而引发一场恶斗。表演中，柴荣为白面白须，手执双剑；赵匡胤为红脸红须，手持攀龙棍；郑子明为黑脸黑须，手拿长柄大刀。董氏兄弟身穿黑衣黑裤，前缀十三太保的纽襻，青巾帕包头，手使齐眉棍（现在多为齐顶棍）。演练过程分为摆阵、引阵、打阵和破阵四个套路，既有单打独斗，也有众打群斗；既有套路表演，还有拆招变势；双方有攻有防，招数由慢变快，既要紧张有序，把握好攻防节奏，

阳坊村的五虎棍

又要招满势足,一丝不苟,交代清楚。由于少林五虎棍的表演场面紧张激烈,扣人心弦,观众往往目不暇接,百看不厌。许多老人谈起花塔村老武术家们表演的少林五虎棍,特别是滑长河扮演的柴荣、李金兰扮演的赵匡胤和赵长发扮演的郑子明,一招一式,快而不乱;举手投足,处处精到。在瞬息万变的交手过招中,拆解变化,起承转合,不差分毫。虽说刀枪无眼,棍棒无情,却难伤其毫发,令人津津乐道,念念不忘。

高跷是艺人脚踩在80厘米高的木跷上表演的歌舞。经常演出的是反映渔、樵、耕、读的生活片段。场上人物有12人:

头陀 身穿黑衣黑裤,须发蓬松,头箍束发,脖子上挂着一串大佛珠,双手持一对短木棒。他是场上的表演指挥,演出的起止韵律以其木棒击打的节奏为准。

樵夫 头罩假发，戴草帽圈，身穿夸衣，腰系丝绦大带，肩扛扁担，腰插板斧。

膏药 头戴红缨子官帽，身穿清朝的补子服，手持巡游郎中的串铃和一贴膏药。

渔翁 手持渔竿，头戴草帽圈，身穿长袍，戴白髯口。

渔婆 身穿彩裙，头戴花斗笠，肩披璎珞，臂挎鱼篮。

公子 身穿长衫、彩裤，头戴文生公子巾，手持折扇。

老座子 身穿大襟红袄，头戴冠箍，手持羽扇。

小二哥 身穿花衣，头梳朝天辫，手持红缨鞭，臂挎荆条筐。

打锣的 二人，均身穿彩衣、裤，头戴绒球帽，每人手持一面小锣。

打鼓的 二人，均身穿黑夸衣、黑裤，头戴插着绒球的高筒帽，身上斜挎着腰鼓，两手各持一根鼓槌。

高跷的表演整体性好，技艺性强。走场子摆图形时讲究步调一致，整齐美观，身子扭起来，衣衫飘起来，道具舞起来。摆好场子，高跷艺人就要表演绝技了。一般的艺人要表演过仙桥、跳桌子、跳双凳、大劈叉。头陀、武扇（公子）、武丑（膏药）通常被公认为是高跷会中武功最好的演员。南口地区的庙里台阶多，例如花塔村和平寺的台阶有32级，对他们最好的考验就是"单跷拜山"，即表演者站在台阶前，将一条腿向后弯曲，双手伸向脑后抓住跷杆，站成"金鸡独立"式，全靠另一条腿踩着高跷往上跳。表演者一鼓作气跳上去，再跳下来，为一个来回。获胜者会博得观众的喝彩，成为一方的名人，受到人们的尊敬。

后桃洼村的高跷表演

中幡是难度、技巧都很高的花会表演节目。中幡的杆一般高7米至9米，由幡杆、伞、旗子、幡面和铃铛等组成。中幡的表演有十几个套路，五十多个动作，如霸王举鼎、苏秦背剑、十字披红、封侯挂印等。一般的场面由个人轮番表演，也有群体合作表演，互掷抛接的，通常视场地大小、天气好坏、观众秩序（有无捣乱的）而定。

民间花会的其他节目因比较常见，故不赘述。

在南口地区的花会表演中，经常会伴有武术表演，常见的表演拳种有少林拳、六合拳、猴拳和绿林拳。其中练六合拳、绿林拳的人比较少。六合拳是少林拳中的一个门派，以精、气、神相合为内三合，以手、眼、身统一为外三合，统称六合。同时强调眼与心合，心与气合，气与身合，身与手合，手与脚合，脚与胯合。表演起来十分好看，对于看惯了少林十二路弹腿的观众来说，产生了耳目一新的感觉。绿林拳是私家拳种，由数位江湖中的老拳师，根据平生在与"道"中人凶险过招的经验，总结、提炼出来的经典招数，经过精心编排，融会贯通，形成的演练套路。绿林拳动作简练、实用，不与对手纠缠，每出一拳均有化招、反击的作用，招招

后桃洼村的武术表演

凶狠，直取要害，有些类似近年兴起的截拳道。起初，绿林拳只秘传给各门派的掌门人，作为掌控本门派的独门绝技，关键时刻起到一锤定音的作用，以维护掌门人的统治地位和本门派的整体利益。抗战爆发以后，各门派纷纷取消门规戒律，绿林拳才得以公开演练，向中国人传授防身御敌之术。

参考书目

《二十五史》，上海古籍出版社，上海书店

《昌平山水记》，顾炎武，北京古籍出版社，1982

《西关志》，王士翘，北京古籍出版社，1990

《北京果树志》，曲泽洲主编，北京出版社，1990

《北京自然地理》，霍亚贞主编，北京师范学院出版社，1989

《居庸关考》，宋国玺／于秉银，载《北京文物与考古（二）》，北京燕山出版社，1991

《京张铁路》，北京铁路分局编，中国铁道出版社，2001

《北京市昌平县地名志》，《昌平县地名志》编委会编，北京出版社，1997

《北京市延庆县地名志》，《延庆县地名志》编委会编，北京出版社，1993

《光绪昌平州志》，缪荃孙 / 刘万源等，北京古籍出版社，1989

《水经注校》，王国维校，上海人民出版社，1984

《铁道部南口机车车辆机械工厂厂史（初稿）》，1984

后 记

  2010年的春天,我们荣幸地参与了《北京地方志·古镇图志丛书》的编写工作,编著、出版了这本《南口》。问世以来广受关注、好评。

  时隔7年,《南口》一书入选了《京华通览》丛书,我们颇受鼓舞,并对部分内容做了一些修改,使之更臻完美。

作　者
2017年12月3日